AF537505

Chloe Coscarelli

Viva Italia Vegana!

Chloe Coscarelli

Viva Italia Vegana!

150 vegane Rezepte für Pizza, Pasta, Pesto, Risotto & die besten **italienischen Familienrezepte**

IMPRESSUM

Chloe Coscarelli
Viva Italia Vegana!
150 vegane Rezepte für Pizza, Pasta, Pesto, Risotto & die besten italienischen Familienrezepte
1. deutsche Auflage 2019
ISBN: 978-3-96257-076-7

Titel der Originalausgabe: Chloe's Vegan Italian Kitchen
150 Pizzas, Pastas, Pestos, Risottos & Lots of Creamy Italian Classics

Übersetzung aus dem Englischen von Ilona Meier
Layout: Kris Tobiassen / Matchbook Digital
Satz: Narayana Verlag GmbH
Abbildungen: Alle Fotos von Teri Lyn Fischer mit Ausnahme von:
Miki Duisterhof: Cover Foto vorne, Seiten xii, 87, 150, 236 und 240.
Chloe, Shelly und Don Coscarelli: Seiten ii, v, xiv, xvi, 6, 22, 28, 30, 35, 43, 51, 63, 65, 74, 78, 81, 85, 91, 99, 105, 107, 123, 149, 154, 157, 176, 181, 187, 195, 206, 210, 212, 214, 248, 261, 276 und 277.
Robert Raphael: Seite 173

Herausgeber:
Unimedica im Narayana Verlag GmbH, Blumenplatz 2, 79400 Kandern
Tel.: +49 7626 974 970-0
E-Mail: info@unimedica.de
www.unimedica.de

FÜR MEINEN VATER

Es gibt ein italienisches Sprichwort:
„Papa' e re a desinaren non si fan mai aspettare."
Das bedeutet: Lasse einen Papa niemals zu lange auf sein Essen warten.

Ich kann nicht behaupten, dich niemals warten gelassen zu haben, aber hoffentlich konnten meine zweiten und dritten Nachschläge das wieder gut machen.

Ti voglio bene!

INHALT

Vorspeisen (Antipasti)

Gemüse (Verdure)

★ Chloes Favorit

(GF) = kann glutenfrei zubereitet werden

Suppen und Salate
(Zuppa e Insalata)

Pizza, Focaccia und Panini
(Pizza, Focàccia, e Panini)

Viva la Pasta

Die Hauptspeise
(Secondo Piatti)

Desserts
(Dolci)

Grundrezepte hausgemacht

Teig, Saucen und veganer Käse

EINLEITUNG

WENN DU NICHT NACH ITALIEN REISEN KANNST, DANN LASS ITALIEN ZU DIR KOMMEN

Ciao, meine Freunde!

Wir kennen uns vielleicht bereits aus einem meiner anderen Kochbücher, *Chloe's Kitchen* oder *Chloe's Vegan Desserts*. Hier treffen wir uns also wieder! Wenn es ums italienische Essen geht, ist das Stichwort amore. Ich liebe alles, was heiß und aus Teig, cremig und käsig oder mit frischen Heirloom-Tomaten und Basilikum belegt ist. In meiner Vorstellung vom Paradies trinken Sie Pesto mit dem Strohhalm und es stehen Nudeln auf dem Frühstückstisch.

Ich liebe italienische Restaurants, egal, ob schick oder romantisch oder zwanglos mit Familienflair, doch hausgemachtes italienisches Essen hat etwas an sich, das kein Restaurant ersetzen kann. Wenn Sie im italienischen Restaurant vegan bestellen möchten, bekommen Sie häufig Pasta mit Tomatensauce oder Pizza ohne Käse. Doch in Viva Italia Vegana! finden Sie Rezepte für Nie-mehr-Single-Pasta-Carbonara mit Shiitake-Speck (Seite 133) oder Wurststreusel-Mozzarella-Pizza (Seite 92). Ganz recht, alle Rezepte sind vegan!

Aber lassen Sie mich kurz zurückspulen. Sich vegan zu ernähren bedeutet, weder Fleisch, Fisch, Milchprodukte noch Eier zu verzehren. Dadurch verzichten wir auf arterienverstopfende tierische Fette und fettige Käsegerichte, die einen ins Fresskoma versetzen. Meine veganen Rezepte basieren auf unverarbeiteten, gesunden, pflanzlichen Zutaten, die Ihrem Körper guttun und besser für unsere lieben tierischen Freunde sind. Anders ausgedrückt: Sie fühlen sich großartig, während Sie sich den Bauch vollschlagen!

„WAS? Sind Sie *verrückt*? Ist italienisches Essen ohne Fleisch und Käse überhaupt möglich?"

Darauf können Sie wetten! Ich stamme aus einer sehr hungrigen italienischen Familie. Mit uns ist in Sachen Pasta nicht zu spaßen. Ich habe generationenüberdauernde Familienrezepte „veganisiert" und sie so in ihren köstlichsten fleisch- und milchfreien Inkarnationen wiederbelebt. Außerdem habe ich einigen amerikanischen Klassikern wie Zwiebelringen, Quesadilla und vielen weiteren meine eigene italienische Note verliehen.

Meine Familie stammt ursprünglich aus der Region Kalabrien im Süden Italiens. Unsere Wurzeln sind jedoch sizilianisch; die am weitesten zurückreichende uns bekannte Vorfahrin, Caterina Palermo, wurde 1683 auf Sizilien geboren.

Mein Urgroßvater Angelo Coscarelli wanderte aus Lago aus, um während des Ersten Weltkriegs nicht in die italienische Armee eingezogen zu werden. Geboren wurde er zwar unter dem Namen Angelo Coscarella, er änderte seinen Namen jedoch zu Coscarelli, nachdem er auf Ellis Island eingetroffen und sich schließlich in Pittsburgh, Pennsylvania, niedergelassen hatte. Ironischerweise wurde er unmittelbar nach seiner Ankunft in den USA in die U.S. Army eingezogen und diente im Ersten Weltkrieg bei der Infanterie.

Meine Urgroßmutter Antoinette Petrone Coscarelli war die Ur-Mutter aller Köche in unserer Familie. Ihre Festtagsessen sind legendär. Sie arbeitete in ihrer kleinen Küche zu Hause auf Mount Washington buchstäblich rund um die Uhr, um die Festmahlzeiten für unsere große Verwandtschaft zuzubereiten. Die Mahlzeiten dauerten den ganzen Tag. Wir setzten uns fürs Frühstück an den großen Esszimmertisch und bevor wir aufstehen konnten, tischte Tante Gilda das Mittagessen auf. Wir verbrachten Tage an diesem Tisch!

Einige der Gerichte, die zu ihrem Ruhm beitrugen, waren frittierte Zucchini, ein unglaublich frischer Tomatensalat mit Zwiebeln, Knoblauch und Petersilie sowie umwerfende frische Pastagerichte. Viele ihrer Rezepte wurden für dieses Buch „veganisiert". Antoinette hatte ihren eigenen Gemüsegarten. Ihr Lieblingsgemüse war frischer Mangold.

Damit ist die kleine Geschichtsstunde abgehakt, und wir kommen zu den drei Versprechen, die ich Ihnen mache:

1. **Alle Rezepte sind supereinfach.** Wenn trotzdem Fragen aufkommen, schreiben Sie mir einfach über Twitter oder Facebook. Ich stehe mit Ihnen in der Küche!

2. **Ihre Freunde und Verwandten werden Ihnen nicht glauben, dass Sie vegan kochen.** Ich habe diese Rezepte bei um die zweihundert Dinnerpartys erprobt; die Reaktion war durchweg: „Bist du sicher, dass da kein Käse drin ist?"

3. **Veganes italienisches Essen ist ein Liebestrank.** Ich habe mich mit diesen Rezepten in die Herzen so vieler Menschen gekocht. Keine Geste ist aufrichtiger als ein selbst gekochtes italienisches Abendessen für die Eltern, ein Kind, einen Nachbarn oder den Schwarm (läuft wie geschmiert!). Meine Rezepte wurden mit Liebe für Sie entwickelt, also kochen Sie sie mit Liebe und beobachten Sie, wie Ihre Kreationen mit einem Lächeln auf den saucenbeschmierten Lippen verschlungen werden.

Egal, ob Sie Profikoch sind oder noch nie Wasser aufgesetzt haben, *bravissimo*, dass Sie dieses Buch aufgeschlagen haben und Ihre Foodie-Träume verfolgen. Entspannen Sie sich, besorgen Sie sich einen Sous-Chef – ob Ihr Hund oder ein Glas Vino, ganz gleich – und machen Sie aus Ihrer Küche die „Trattoria da (hier Ihren Namen einfügen!)".

Con amore,
Chloe

1
2
3
4
5
6
7
8
9
PASTAGRAM
1. Cavatappi
2. Capunti
3. Orecchiette
4. Rigatoni
5. Farfalle
6. Fusilli
7. Gemelli
8. Cannolicchi
9. Bucatini
(Nur eine kleine
Auswahl aus dem
vielfältigen Angebot)

STEFANO RICCI
PORSCHE DESIGN
STEFANO RICCI

CHLOES ITALIENISCHKURS

Hallo, tschüss—*ciao*

Auf Wiedersehen—*arrivederci*

bitte—*per favore*

danke—*grazie*

Schön, Sie kennenzulernen—*piacere*

Guten Morgen—*buongiorno*

Guten Abend (unbedingt zu jedem im Vorbeilaufen sagen)—*buona sera*

Gute Nacht—*buona notte*

Ich bin Vegetarier/in—*sono vegetariano/a*

Ich bin Veganer/in—*sono vegano/a*

Ohne Käse—*senza formaggio*

Ohne Fleisch—*senza carne*

Ich habe dich lieb (an Freunde und Familie gerichtet)—*ti voglio bene*

Ich liebe dich (romantisch)—*ti amo*

Willst du mich heiraten?—*mi vuoi sposare?*

Sehr lecker!—*buonissimo!*

Kann ich noch etwas mehr haben? (woraufhin Sie einen Berg an Essen bekommen werden)—*potrei avere un altro po'?*

Was sind Sie für eine gute Gabel! (als Kompliment für Ihren großen Appetit)—*che buona forchetta che sei!*

Tausend Dank—*grazie mille*

Ich hätte gern ein Sorbet—*vorrei un sorbetto, per favore*

Könnte ich einen Kaffee ohne Milch bekommen?—*potrei avere un caffè senza latte?*

Könnte ich einen Kaffee mit Sojamilch bekommen?—*potrei avere un caffè con latte di soia?*

Könnte ich einen Kaffee mit Mandelmilch bekommen?—*potrei avere un caffè con latte di mandorla?*

Könnte ich einen Kaffee mit Reismilch bekommen?—*potrei avere un caffè con latte di riso?*

Pastene
ITALY

MENÜIDEEN

SONNTAGSBRUNCH

HILFE! ICH BIN KRANK

KINDERGEBURTSTAG

VALENTINSTAG FÜR ZWEI

GARTENPARTY

MITTAGSSCHMAUS!

LET IT SNOW, LET IT SNOW, LET IT SNOW!

GLUTENFREI IST DER LETZTE SCHREI!

ALLERGENFREIE ITALIENISCHE KÜCHE (OHNE GLUTEN, SOJA UND NÜSSE)

Alle veganen Zutaten sind frei von Milch und Eiern – zwei der häufigsten Allergene bei Kindern und Erwachsenen. Viele Rezepte in diesem Buch können außerdem mithilfe der angegebenen Anpassungen glutenfrei, sojafrei und nussfrei zubereitet werden.

Wenn Sie ein Rezept für jemanden mit einer Lebensmittelallergie zubereiten, dann lesen Sie vorher alle Zutatenetiketten sorgfältig, um sich zu vergewissern, dass sie frei von Allergenen sind. Bei Allergien oder Unverträglichkeiten liegt es natürlich in der Verantwortung des Konsumenten, Zutaten, die Allergene oder Allergenderivate enthalten bzw. etwaiger Kreuzkontamination ausgesetzt wurden, zu vermeiden.

GLUTENFREIE ALTERNATIVEN

Mehl: Das Gluten-Free All-Purpose Baking Flour von Bob's Red Mill ist ein hervorragendes Produkt, das in vielen meiner süßen und herzhaften Rezepte anstelle von herkömmlichem Mehl eingesetzt werden kann. Es besteht aus einer Mischung aus Kichererbsenmehl und Kartoffelstärke und ist in Ihrem Supermarkt oder online auf BobsRedMill.com erhältlich. Glutenfreies Mehl gibt es zwar in vielen Sorten von unterschiedlichen Marken, aber die besten Ergebnisse erziele ich mit Bob's Red Mill. Wenn Sie in einem Rezept glutenfreies Mehl verwenden, achten Sie darauf, dass auch alle anderen Zutaten glutenfrei sind: zum Beispiel Nudeln, Brot und Backwaren, Gewürze und so weiter.

Mit glutenfreiem Mehl erzielen Sie mit fast allen meiner Dessertrezepte ausgezeichnete Ergebnisse, aber es ist dabei sehr wichtig, dass Sie wie im jeweiligen Rezept angegeben zusätzlich Xanthan (Seite 258) zugeben. Außerdem kann die Backzeit variieren, wenn Sie glutenfreies Mehl verwenden.

Pasta: Alle meine Pastarezepte können mit glutenfreien Nudeln zubereitet werden. Nudeln aus braunem Reis sind eine leckere Alternative zu Weizennudeln und können in jedem meiner Pastarezepte verwendet werden. Sie haben allerdings eine etwas längere Kochzeit; kochen Sie sie, bis die Nudeln zart sind, aber noch etwas Biss haben. Sie können auch Quinoanudeln verwenden, sie haben eine wunderschöne goldgelbe Farbe.

Pizza: Mit meinem glutenfreien Pizzaboden (Seite 235) können Sie jedes meiner Pizzarezepte glutenfrei zubereiten. Er ist sehr lecker und hat die typische Maismehlkonsistenz.

Brot: Glutenfreies Brot, das häufig aus Reis-, Leinsamen- und Mandelmehl hergestellt wird, erhalten Sie bei Ihrem örtlichen Naturkostgeschäft. Es kann in allen Rezepten eingesetzt werden, in denen Brot verwendet wird. Im Supermarkt ist es zumeist in der Tiefkühlabteilung erhältlich. Verwenden Sie glutenfreies Brot für glutenfreie Panini, Mini-Burger oder Crostini.

Sojasauce: Glutenfreie Tamari erhalten Sie in Ihrem Naturkostgeschäft und sie kann anstelle von Sojasauce verwendet werden.

Seitan: Vermeiden Sie Seitan in der glutenfreien Küche, denn er besteht praktisch aus purem Weizengluten. Verwenden Sie stattdessen sehr festen Tofu oder Tempeh.

Semmelbrösel: Sie können gekaufte glutenfreie Semmelbrösel verwenden oder sie selbst herstellen, indem Sie glutenfreies Brot toasten und anschließend in der Küchenmaschine zu feinen Krümeln verarbeiten. Für italienische Semmelbrösel mit einer italienischen Gewürzmischung würzen.

SOJAFREIE ALTERNATIVEN

Tofu und Tempeh: Verzichten Sie auf Tofu und Tempeh, wenn Sie sojafrei kochen. Verwenden Sie in Rezepten, in denen Tofu- oder Tempehstücke zum

Einsatz kommen, wie dem gebackenen Tempeh in Pilzcremesauce (Seite 155) oder Tempeh mit 40 Knoblauchzehen (Seite 170), stattdessen Seitan.

Sahnesauce: Wenn Sie auf ein leckeres sojafreies Rezept für Sahnesauce aus sind, probieren Sie meine Schleifchen in Knoblauch-Cremesauce (Seite 121), in dem ich Nüsse verwende, oder meine Blumenkohl-Alfredosauce (siehe Kate Middletons Pasta Alfredo, Seite 116), die auf geröstetem Blumenkohl basiert.

Margarine: Vegane Margarine bekommen Sie in den meisten Supermärkten. Es gibt auch sojafreie Sorten.

NUSSFREIE ALTERNATIVEN

Nüsse werden in der veganen Küche häufig zum Ersatz von Sahne und Käse verwendet, was für Nussallergiker problematisch sein kann. Glücklicherweise verwende ich in diesem Buch auch viele andere Zutaten für Sahne- und Käsealternativen.

Sahnesauce: Für ein leckeres nussfreies Rezept für Sahnesauce probieren Sie meine Carbonara-Sauce (siehe Nie-mehr-Single-Pasta-Carbonara mit Shiitake-Speck, Seite 133), in der ich Tofu verwende, oder meine Blumenkohl-Alfredosauce (siehe Kate Middletons Pasta Alfredo, Seite 116), die auf geröstetem Blumenkohl basiert.

Käseersatz: Für einen nussfreien Käse verwenden Sie meinen Rockin' Ricotta (Seite 242), der mit Tofu zubereitet wird. Verwenden Sie diesen Käse für Pizza und Pasta anstelle der Mozzarellasauce (Seite 237) oder des Parmesans (Seite 244), die beide Nüsse enthalten.

Pesto: Traditionell enthält Pesto Nüsse, aber wenn Sie allergisch auf Nüsse reagieren, verwenden Sie stattdessen mein schnelles Basilikumpesto (siehe Seite 232), das nussfrei ist. Es ist super in meinem Rezept für Pesto-Makkaroni mit Käse (Seite 134), gegrillte Pesto-Küchlein (Seite 97) und allen anderen Rezepten, in denen Pesto verwendet wird. Wenn Sie ein anderes Pestorezept zubereiten möchten, das Nüsse enthält, dann verwenden Sie statt der dort angegebenen Nuss Kürbiskerne.

$4.00
Bag

VORSPEISEN
(ANTIPASTI)

Klar, eine Olivenplatte ist als Vorspeise zu Ihrem nächsten italienischen Abendessen völlig in Ordnung, doch ich lege die Latte lieber etwas höher und serviere einige meiner einzigartigen und interessanten Crostini oder Fusionsvorspeisen wie Pistazien-Guacamole und Hummus Pomodoro.

GEBRATENE ZUCCHINIS

ZUCCHINE FRITTE

6 PERSONEN

Jede Kultur hat ihre eigene Variante der Pommes frites. Und da Italien davon nicht ausgenommen ist, präsentiere ich Ihnen hiermit feierlich diese köstliche, dekadente Vorspeise mit nicht zu verachtendem Suchtfaktor!

120 g Mehl

2 TL Meersalz

300 ml Soja-, Mandel- oder Reismilch

Rapsöl zum Braten

3 mittelgroße Zucchini, Enden abgeschnitten und in 7,5 × 1,5 cm große Streifen geschnitten

30 g italienische Semmelbrösel

Mehl, Salz und vegane Milch in einer mittelgroßen Schüssel glatt rühren.

Eine große, antihaftbeschichtete Pfanne 5 mm hoch mit Öl füllen und auf mittlerer Flamme erhitzen. Die Zucchinistreifen in den Teig tunken, dann in den Semmelbröseln wälzen. Von allen Seiten knusprig goldgelb braten. Auf Papiertüchern abtropfen lassen und erneut leicht salzen. Mit den übrigen Zucchinis auf dieselbe Weise verfahren und sofort servieren.

KIRSCHTOMATEN-BRUSCHETTA AUF GEGRILLTEM BROT

BRUSCHETTA DI POMODORO CILIEGINO

6 BIS 8 PERSONEN

Diese klassische Bruschetta (bru-SKE-ta ausgesprochen) kann für eine Hammermahlzeit mit jedem Rezept aus diesem Buch kombiniert werden. Der Balsamicoessig bringt Süße mit und frischt den Geschmack der Tomaten auf.

360 g Kirschtomaten, geviertelt

½ Bund frisches Basilikum, gehackt

1 EL Balsamicoessig

1 EL Olivenöl, plus etwas mehr zum Bestreichen

2 Knoblauchzehen, zerdrückt

½ TL Meersalz

½ TL frisch gemahlener schwarzer Pfeffer

1 französisches Baguette, schräg in 1,5 cm dicke Scheiben geschnitten

Einen Grill oder eine Grillpfanne auf hoher Flamme erhitzen.

Die Tomaten in einer großen Schüssel in Basilikum, Essig, 1 EL Öl, Knoblauch, Salz und Pfeffer schwenken. Beiseitestellen, während die Aromen verschmelzen. Beliebig abschmecken.

Die Baguettescheiben von beiden Seiten mit Öl bestreichen. Dann von beiden Seiten so grillen, dass hübsche Grillstreifen entstehen. Mit der Tomatenmischung belegen und mit Öl beträufeln.

EINFACHE AUBERGINEN-CAPONATA

CAPONATA DI MELANZANE

6 BIS 8 PERSONEN

Ich garantiere Ihnen, dass dieses Rezept einfacher und leckerer ist als jede andere Version, die Sie bislang gekostet haben. Die traditionelle Caponata ist mit ihren vielen Zutaten viel zu kompliziert, aber meine Version ist schnell und einfach und hebt den wunderbaren Geschmack der Aubergine hervor.

TIPP ZUR ZUBEREITUNG IM VORAUS: *Die Caponata kann bis zu 3 Tage im Voraus zubereitet und im Kühlschrank aufbewahrt werden.*

1 mittelgroße Aubergine

1 EL Olivenöl, plus etwas mehr zum Bestreichen und Träufeln

1 Zwiebel, fein gehackt

3 EL Tomatenmark

60 ml Wasser

½ TL Meersalz

Prise rote Chiliflocken

1 EL Balsamicoessig

1 TL ungesüßtes Kakaopulver

2 EL brauner Zucker

2 EL Kapern

1 bis 2 EL frische Minze, in Chiffonade geschnitten, siehe Tipp (Seite 26)

Brot, Kräcker oder Pitachips, zum Servieren

Den Backofen auf 205 °C vorheizen.

Die Enden der Aubergine abschneiden, dann längs halbieren. Beide Hälften mit einem Messer mehrmals diagonal in die eine Richtung, dann in die andere Richtung einschneiden. Schneiden Sie tief hinein, aber passen Sie auf, dass Sie nicht durch die Schale stechen. Dünn mit Öl bestreichen, dann mit der flachen Seite nach unten auf ein großes Backblech legen. 40 Minuten im Ofen rösten, bis das Fleisch weich ist. Etwas abkühlen lassen.

Währenddessen 1 EL Öl auf mittlerer Flamme erhitzen, dann die Zwiebel zugeben und weich dünsten. Tomatenmark zugeben und 1 weitere Minute braten. Wasser einrühren und vom Herd nehmen.

Mit einem großen Löffel das Fruchtfleisch der Aubergine von der Haut lösen. Die Haut wegwerfen. Das Fleisch in eine Küchenmaschine geben. Zwiebeln, Salz, Chiliflocken, Essig, Kakaopulver, braunen Zucker und Kapern zugeben. Kurz pürieren, sodass die Zutaten gut vermengt, aber noch stückig sind. In eine Schüssel füllen, beliebige Menge Minze unterheben und nach Belieben abschmecken. Mit Öl beträufeln und auf Brot, Kräckern oder Pitachips servieren.

GEBACKENE ITALIENISCHE ZWIEBELRINGE

ANELLI DI CIPOLLA AL FORNO

4 PORTIONEN

In Wahrheit hasse ich Zwiebelringe. Sie wissen schon; die fettigen, die Sie beim Vierundzwanzig-Stunden-Burgerladen bekommen. Aber diese Zwiebelringe … Mmm! Sie werden gebacken und meisterhaft mit italienischen Gewürzen und – für den Extrakick – einem Hauch von Chili abgeschmeckt.

TIPP ZUR ZUBEREITUNG IM VORAUS: Nachdem Sie die Zwiebelringe in den Teig getunkt und in der Semmelbröselmischung gewälzt haben, legen Sie sie auf das vorbereitete Backblech und bedecken Sie es mit Frischhaltefolie oder Aluminiumfolie. So können sie bis zu 8 Stunden bis zum Backen oder über Nacht im Kühlschrank aufbewahrt werden.

150 g italienische Semmelbrösel

2 TL Meersalz

1 TL rote Chiliflocken (optional)

120 g Mehl

300 ml Wasser

1 große Zwiebel, in 1 cm breite Ringe geschnitten

Olivenöl zum Bestreichen

Arrabbiatasauce, zum Dippen (gekauft oder nach dem Rezept auf Seite 232)

Den Backofen auf 230 °C vorheizen. Ein oder zwei große Backbleche großzügig fetten.

Semmelbrösel, Salz und die optionalen Chiliflocken in einer großen Schüssel vermischen. Gründlich mischen, dann auf zwei kleine Schüsseln verteilen und beiseitestellen.

Mehl und Wasser in einer mittelgroßen Schüssel zu einem dickflüssigen Teig rühren.

Die Zwiebelringe voneinander trennen. Jeden Zwiebelring in den Teig tunken und dabei überschüssigen Teig abtropfen lassen. Eine Schüssel Semmelbrösel aufstellen, die Zwiebelringe in den Semmelbröseln wenden und vollständig eindecken, dann auf das vorbereitete Backblech legen. Mit den restlichen Zwiebelringen ebenso verfahren. Wenn Sie ungefähr die Hälfte der Zwiebelringe verarbeitet haben, dürfte die Semmelbröselmischung in der ersten Schüssel zu klumpig geworden sein; werfen Sie den Rest in der ersten Schüssel weg und fahren Sie mit der zweiten Schüssel fort.

Anschließend alle Zwiebelringe mit einem Küchenpinsel mit Öl betupfen. Dafür den Pinsel in Öl dippen, aber die Zwiebelringe damit nicht bestreichen, sondern betupfen. Circa 7 Minuten backen, bis die Zwiebelringe schön goldbraun geworden sind, dann einmal wenden und weitere 4 bis 5 Minuten goldbraun backen. Salzen und servieren.

BUTTERNUSSKÜRBIS-BRUSCHETTA MIT KARAMELLISIERTEN ZWIEBELN

BRUSCHETTE ALLA ZUCCA CON CIPOLLE CARAMELLATE

8 BIS 10 PERSONEN

Diese Crostini mit einem Aufstrich aus süßem, geröstetem Butternusskürbis mit karamellisierten Zwiebeln werden Sie jeden Gedanken an „gewöhnliche" Bruschetta vergessen lassen. Zum Abrunden mit Balsamicoessig oder einer Balsamicoglasur (Balsamicoessig zu einem Sirup einkochen) beträufeln – ich mag beides!

***TIPP ZUR ZUBEREITUNG IM VORAUS:** Der Butternusskürbisaufstrich kann bis zu 3 Tage im Voraus zubereitet und im Kühlschrank aufbewahrt werden.*

565 g geschälter Butternusskürbis, in 2,5 cm große Würfel geschnitten

4 EL Olivenöl

Meersalz

Frisch gemahlener schwarzer Pfeffer

2 große Zwiebeln, dünn geschnitten

2 EL Ahornsirup

¼ TL rote Chiliflocken

2 TL Balsamicoessig, plus etwas zum Beträufeln

1 dünnes Baguette, schräg in 5 mm dünne Scheiben geschnitten

4 EL frische Minze, in Chiffonade geschnitten, siehe Tipp (Seite 26)

Den Backofen auf 205 °C vorheizen.

Die Butternusskürbiswürfel auf einem großen Backblech ausbreiten und mit 2 EL Öl beträufeln. Mit Salz und Pfeffer würzen. 25 bis 30 Minuten backen, bis der Kürbis zart ist. Währenddessen alle 10 Minuten wenden und bei Bedarf mehr Öl zugeben. Aus dem Ofen nehmen und die Temperatur auf 220 °C erhöhen.

Die übrigen 2 EL Öl in einer großen Pfanne auf mittlerer Flamme erhitzen. Die Zwiebeln zugeben und salzen. 20 bis 25 Minuten in der Pfanne dünsten, bis sie sehr weich und karamellisiert sind. Ahornsirup und Chiliflocken zugeben und 1 weitere Minute mitgaren.

Kürbis, Zwiebeln und Essig in einer Küchenmaschine ungefähr 12-mal mit der Pulse-Funktion zerkleinern, sodass alles gut vermengt, aber noch etwas stückig ist. Beliebig abschmecken.

Die Baguettescheiben auf einem großen Backblech ausbreiten und mit Öl beträufeln. 5 bis 8 Minuten backen, bis die Oberfläche bräunlich geworden ist. Die Butternusskürbismischung auf dem Brot verstreichen, dann mit Essig beträufeln. Mit frischer Minze bestreuen und noch warm servieren.

CAPRESE-SPIESSE

SPIEDINI ALLA CAPRESE

FÜR 24 MUNDGERECHTE SPIESSCHEN

Diese Spießchen sind einfach zuzubereiten und noch einfacher in den Mund zu schieben. Sie machen sich toll als Vorspeise, wenn Sie nicht-veganen Gästen etwas vormachen wollen, denn alle werden den Tofu für Mozzarella halten. Diese kleinen, aber feinen Spießchen stecken voller Geschmack!

200 g sehr fester Tofu, mit Papiertüchern trocken getupft und in 2,5 cm große Würfel geschnitten

1 EL Olivenöl

½ TL Meersalz

¼ TL frisch gemahlener schwarzer Pfeffer

12 Kirschtomaten, halbiert

24 Blätter frisches Basilikum

Balsamicoessig zum Beträufeln

Die Tofuwürfel in einer großen Schüssel in Öl, Salz und Pfeffer schwenken.

Eine große, antihaftbeschichtete Pfanne auf mittlerer Flamme erhitzen und die Tofuwürfel hineingeben. Von allen Seiten braten, bis sie leicht bräunlich geworden sind.

Jeweils 1 Tofuwürfel, 1 halbe Kirschtomate und 1 Basilikumblättchen auf einen Zahnstocher oder Spieß aufspießen. Mit Essig beträufeln und mit Salz und Pfeffer würzen.

LA FAME E' IL MIGLIOR CONDIMENTO.

(HUNGER IST DIE BESTE WÜRZE.)

HUMMUS POMODORO MIT WARMEM PIZZABROT*

HUMMUS DI POMODORO CON CROSTA DI PIZZA

4 BIS 6 PERSONEN

Hum-muss einfach! Cremiges, knoblauchiges Weiße-Bohnen-Püree auf heißem, bissfestem Pizzateigbrot mit einem Belag aus frischen Tomaten und Basilikum … Ihr Leben ist komplett.

HUMMUS

1 Dose (400 g) weiße Bohnen, gewaschen und abgetropft

60 ml Olivenöl, plus etwas mehr zum Beträufeln

1 EL Zitronensaft

1 Knoblauchzehe

½ TL Meersalz

½ TL frisch gemahlener schwarzer Pfeffer

1 mittelgroße Tomate, gehackt

½ Handvoll frisches Basilikum, gehackt

Balsamicoessig zum Beträufeln

PIZZABROT

450 g Pizzateig

Mehl zum Ausrollen

Olivenöl zum Bestreichen

Meersalz

Für den Hummus: Bohnen, Öl, Zitronensaft, Knoblauch, Salz und Pfeffer in einer Küchenmaschine glatt pürieren. Dabei gelegentlich die Küchenmaschine anhalten und die Masse von den Seiten abstreichen. Beliebig abschmecken, dann in eine Schüssel geben. Die gehackten Tomaten und das Basilikum darauf geben und mit Öl und Essig beträufeln. Mit Salz und Pfeffer würzen und zum warmen Pizzabrot servieren.

Für das Pizzabrot: Den Backofengrill vorheizen.

Den Teig in vier gleich große Stücke teilen. Jedes Stück zu einer Kugel rollen, dann auf einer dünn mit Mehl bestreuten Arbeitsfläche ungefähr 3 mm dünn ausrollen. Auf ein Backblech legen, beide Seiten mit Öl bestreichen und mit Salz berieseln. 2 bis 5 Minuten leicht braun grillen, dann mit einer Küchenzange wenden und weitere 1 bis 2 Minuten grillen, bis der Teig aufgepufft und stellenweise braun geworden ist. In Dreiecke schneiden und warm zum Hummus servieren.

ITALIENISCHE QUESADILLAS*

QUESADILLAS ALL'ITALIANA

10 BIS 12 PERSONEN ALS VORSPEISE; 4 PERSONEN ALS MAHLZEIT

Ich weiß, ich weiß. Sie denken wahrscheinlich: „Chloe, was zum Geier haben Quesadillas in einem italienischen Kochbuch zu suchen?" Probieren Sie diese Quesadillas und Sie werden mir danken, versprochen! Kids und Erwachsene lieben diese seelennährenden, cremigen Weiße-Bohnen-Quesadillas gefüllt mit Avocado, Kräutern und süßen sonnengetrockneten Tomaten. Hühnchen-Quesadillas haben ausgedient!

TIPP ZUR ZUBEREITUNG IM VORAUS: Der Weiße-Bohnen-Aufstrich kann bis zu 3 Tage im Voraus zubereitet und im Kühlschrank aufbewahrt werden.

WEISSE-BOHNEN-AUFSTRICH

1 Dose (400 g) weiße Bohnen, gewaschen und abgetropft

60 ml Olivenöl, plus etwas mehr zum Bestreichen

1 EL Wasser

1 EL Zitronensaft

1 Knoblauchzehe

¾ TL Meersalz

½ TL frisch gemahlener schwarzer Pfeffer

8 Tortillas

70 g sonnengetrocknete Tomaten, abgetropft und gehackt

4 EL frische italienische Petersilie, gehackt

2 Avocados, sehr dünn geschnitten

Für den Weiße-Bohnen-Aufstrich: Bohnen, Öl, Wasser, Zitronensaft, Knoblauch, Salz und Pfeffer in einer Küchenmaschine glatt pürieren. Bei Bedarf nachsalzen. Beiseitestellen.

Die Quesadillas zusammensetzen: Ungefähr 5 EL Bohnenaufstrich auf einer Tortilla verstreichen, dabei einen 1 cm breiten Rand lassen. Dann mit 2 EL sonnengetrockneten Tomaten, 1 EL Petersilie und Avocado belegen. Mit Salz und Pfeffer würzen und mit einer zweiten Tortilla belegen. Dann die Quesadilla von beiden Seiten mit Öl bestreichen.

Eine große, antihaftbeschichtete Pfanne auf mittlerer Flamme erhitzen und die Quesadilla von beiden Seiten je 2 Minuten leicht braun braten. Die Quesadilla aus der Pfanne nehmen und zum Servieren wie eine Pizza anschneiden. Mit den übrigen Zutaten genauso verfahren, sodass Sie insgesamt 4 Quesadillas zubereiten.

PARMESAN-PITACHIPS

PITA FRITTA AL PARMIGIANO

6 PERSONEN

Manche sagen, dass sie diese knusprigen, käsigen Chips an Doritos erinnern, andere, dass sie nach Parmesan schmecken. Glücklicherweise sind sie viel gesünder als beides. Normalerweise serviere ich sie zu meinem Zitronen-Kichererbsen-Püree (unten) oder Pistazien-Guacamole (Seite 22).

280 g Pitataschen, in kleine Dreiecke geschnitten

60 ml Olivenöl, plus etwas mehr nach Bedarf

1 TL Meersalz

1 EL Hefeflocken

Den Backofen auf 205 °C vorheizen.

Die Pitadreiecke in einer großen Schüssel in Öl und Salz schwenken. Bei Bedarf mehr Öl zugeben, bis alle Stücke von beiden Seiten bedeckt sind. Auf einem großen Backblech verteilen und gleichmäßig mit Hefeflocken bestreuen. 10 bis 15 Minuten backen, bis sie bräunlich und knusprig geworden sind; nach der Hälfte der Backzeit wenden. Auf dem Backblech abkühlen lassen.

ZITRONEN-KICHERERBSEN-PÜREE

PURÈ DI CECI AL LIMONE

6 PERSONEN

Kichererbsen sind eine beliebte Hülsenfrucht in der italienischen Küche. Dieses Rezept basiert auf Hummus, setzt aber mit Zitrone und Kapern noch einen drauf.

1 Dose Kichererbsen, gewaschen und abgetropft

60 ml Olivenöl

2 EL plus 1 TL Zitronensaft

2 EL Kapern

¼ TL Cayennepfeffer

½ TL Meersalz

½ TL frisch gemahlener schwarzer Pfeffer

Parmesan-Pitachips (siehe oben)

Alle Zutaten in einer Küchenmaschine glatt pürieren. Dabei gelegentlich die Küchenmaschine anhalten und die Masse von den Seiten abstreichen. Nach Belieben abschmecken und zu Parmesan-Pitachips servieren.

PILZ-PESTO-CROSTINI

CROSTINI AL PESTO DI FUNGHI

4 BIS 6 PERSONEN

Die Pilze verleihen diesem Pesto einen herzhaften, erdigen Geschmack und machen so aus einem Baguette das ultimative, deftige Crostini.

- 2 EL Olivenöl, plus etwas mehr zum Beträufeln
- 450 g gemischte Pilze, geputzt und in Scheiben geschnitten
- 1 Zwiebel, gehackt
- 2 Knoblauchzehen, fein gehackt
- 100 g Walnüsse
- 1 EL Zitronensaft
- 1 TL Meersalz
- 1 TL frisch gemahlener schwarzer Pfeffer
- ¼ TL rote Chiliflocken
- 1 Bund frische italienische Petersilie, plus etwas mehr zum Garnieren
- 1 dünnes Baguette, schräg in 5 mm dünne Scheiben geschnitten

Den Backofen auf 220 °C vorheizen.

Das Öl in einer großen, antihaftbeschichteten Pfanne auf mittlerer Flamme erhitzen und die Pilze und Zwiebel darin weich und leicht braun braten. Knoblauch zugeben und einige Minuten mitbraten.

Währenddessen die Walnüsse in der Küchenmaschine zu einem feinen Mehl verarbeiten. Die Pilze, Zitronensaft, Salz, Pfeffer, Chiliflocken und Petersilie zugeben. Mit der Pulse-Funktion stoßartig mixen, bis alles gut vermischt ist, aber noch etwas Struktur hat.

Die Baguettescheiben auf einem großen Backblech ausbreiten und mit Öl beträufeln. 5 bis 8 Minuten backen, bis die Oberfläche bräunlich geworden ist.

Pilz-Pesto auf die Crostinis geben. Ganz sachte mit wenig Olivenöl beträufeln und, falls gewünscht, mit Salz abschmecken. Mit Petersilie garnieren und servieren.

ASPARAGI E FUNGHI INSEGNANO L'UMILTÀ AL CUOCO.

(SPARGEL UND PILZE LEHREN DEN KOCH BESCHEIDENHEIT.)

PISTAZIEN-GUACAMOLE★

GUACAMOLE AL PISTACCHIO

4 PERSONEN

Italienische Guacamole! Die pürierten Pistazien machen den Avocadostampf mit Knoblauch, Frühlingszwiebeln und Kirschtomaten noch cremiger. Erfreuen Sie sich an den Gesichtern Ihrer Freunde und Verwandten, wenn sie zuschlagen und feierlich erklären, dass ihnen nie wieder normale Guacamole auf den Tisch kommt! Servieren Sie sie zu Chips oder, wenn es hausgemacht sein soll, probieren Sie meine Crostini (Seite 235), Parmesan-Pitachips (Seite 20) oder warmes Pizzabrot (Seite 17).

- 2 Avocados
- 65 g geschälte Pistazien, plus etwas mehr zum Garnieren
- 2 EL Zitronensaft
- 2 EL Wasser
- 1 Knoblauchzehe, fein gehackt
- ¾ TL Meersalz
- Frisch gemahlener schwarzer Pfeffer
- 180 g Kirschtomaten, geviertelt
- 1 Bund (ungefähr 6) Frühlingszwiebeln, davon die weißen und hellgrünen Anteile, dünn geschnitten
- Rote Chiliflocken zum Servieren
- Chips zum Servieren

Eine Avocado, Pistazien, Zitronensaft, Wasser, Knoblauch und Salz in die Küchenmaschine geben. Großzügig mit Pfeffer würzen und glatt pürieren. In eine große Schüssel geben und die übrige Avocado darin zerdrücken, sodass die Guacamole eine noch stückige Struktur behält. Tomaten und Frühlingszwiebeln unterheben. Beliebig abschmecken. Mit Chiliflocken bestreuen, dann die Pistazien darauf geben.

CROSTINI MIT AVOCADOMUS UND GERÖSTETER ROTER BETE

CROSTINI CON BARBABIETOLE ARROSTITE ED AVOCADO

6 BIS 8 PERSONEN

Servieren Sie diese Vorspeise einem Rote-Bete-Hasser und sehen Sie mit eigenen Augen, wie ihn Amors Pfeil trifft. Was könnte schöner sein?

2 Rote Beten (ungefähr 450 g), geschält und in 1 cm große Stücke geschnitten.

2 EL Olivenöl, plus etwas mehr zum Bestreichen

Meersalz

2 EL Ahornsirup

1 EL Balsamicoessig

½ dünnes Baguette, schräg in 5 mm dünne Scheiben geschnitten

1 Avocado

1 Zitrone, halbiert

Frisch gemahlener schwarzer Pfeffer

Den Backofen auf 220 °C vorheizen und ein Backblech mit Aluminiumfolie auslegen.

Die Rote Bete auf dem Backblech ausbreiten und mit dem Öl einstreichen. Salzen und 30 Minuten rösten; dabei gelegentlich wenden. Das Blech aus dem Ofen nehmen, die Rote Bete mit Ahornsirup und Essig beträufeln, wieder in den Ofen schieben und weitere 5 bis 8 Minuten rösten, bis der Sirup karamellisiert.

Die Baguettescheiben auf einem zweiten großen Backblech ausbreiten und mit Öl beträufeln. 5 bis 8 Minuten backen, bis die Oberfläche bräunlich geworden ist.

Avocado und Saft einer Zitronenhälfte in einer kleinen Schüssel mit einer Gabel zerdrücken. Mit Salz und Pfeffer würzen.

Die Crostini dünn mit dem Avocadomus bestreichen. Die geröstete Rote Bete darauflegen, pfeffern und mit dem übrigen Zitronensaft beträufeln.

WEISSE-BOHNEN-CROSTINI MIT GRANATAPFEL UND MINZE*

CROSTINI AI FAGIOLI BIANCHI E MELOGRANO CON PROFUMO DI MENTA

6 BIS 8 PERSONEN

Lobet den italienischen Herrn für weiße Bohnen! Sie sind reich an Eiweiß, fettarm und püriert köstlich herzhaft und cremig. Granatapfel und Minze bringen Frische mit und machen diese Crostini gleichzeitig festlich genug für die Weihnachtszeit.

1 Dose (400 g) weiße Bohnen, gewaschen und abgetropft

60 ml Olivenöl, plus etwas mehr zum Bestreichen

1 EL Wasser

1 EL Zitronensaft

1 Knoblauchzehe

¾ TL Meersalz

½ TL frisch gemahlener schwarzer Pfeffer

1 dünnes Baguette, schräg in 5 mm dünne Scheiben geschnitten

4 EL Granatapfelsamen

Frische Minze zum Garnieren, in feine Streifen geschnitten, siehe Tipp

Für das Bohnenpüree: Bohnen, Öl, Wasser, Zitronensaft, Knoblauch, Salz und Pfeffer in einer Küchenmaschine glatt pürieren. Bei Bedarf nachsalzen. Beiseitestellen.

Für die Crostini: Den Backofen auf 220 °C vorheizen.

Die Baguettescheiben auf einem großen Backblech ausbreiten und mit Öl beträufeln. 5 bis 8 Minuten backen, bis die Oberfläche bräunlich geworden ist.

Die Crostini dünn mit Bohnenpüree bestreichen. Dann mit Granatapfelsamen und Minze belegen.

CHLOES TIPP: CHIFFONADE

Chiffonade **bedeutet „in Fetzen". Um Kräuter oder Blattgemüse in Chiffonade zu schneiden, die Blätter zuerst so gleichmäßig wie möglich aufstapeln und den Stapel eng – ähnlich einer Zigarre – aufrollen. Die aufgerollten Blättchen dann quer in sehr dünne Streifen schneiden und die Streifen anschließend auseinanderziehen. In Chiffonade geschnittenes Basilikum oder Minze wird gerne als Garnierung verwendet.**

CROSTINI MIT ROTER UND GELBER PAPRIKA

CROSTINI AI PEPERONI

4 BIS 6 PERSONEN

Das Wichtigste bei diesem Gericht ist es, die Paprikaschoten eine halbe Stunde lang einzukochen, bis sie superweich und süß sind. Beschäftigen Sie sich anderweitig, während die Paprikas kochen, und haben Sie Geduld – Sie werden süß belohnt!

2 EL Olivenöl, plus etwas mehr zum Beträufeln

3 große Paprikas (rot, gelb und orange), dünn geschnitten

1 TL Meersalz

Frisch gemahlener schwarzer Pfeffer

1 dünnes Baguette, schräg in 5 mm dünne Scheiben geschnitten

Den Backofen auf 220 °C vorheizen.

Das Öl auf mittlerer Flamme in einer großen Pfanne erhitzen, dann die Paprikas zugeben und salzen. Mit Pfeffer würzen. Unter gelegentlichem Rühren sehr weich garen (circa 30 Minuten). Dann noch einmal nach Belieben abschmecken.

Währenddessen die Baguettescheiben auf einem großen Backblech ausbreiten und mit Öl beträufeln. 5 bis 8 Minuten backen, bis die Oberfläche bräunlich geworden ist.

Die Crostini mit den Paprikas belegen und servieren.

KRÄUTER-RISOTTO-KÜCHLEIN MIT ARRABBIATASAUCE

TORTINE DI RISOTTO ALL'ARRABBIATA

12 (5 CM GROSSE) KÜCHLEIN

Wenn diese Küchlein bei meinen Dinnerpartys auf der Speisekarte stehen, sind sie immer der Höhepunkt des Abends. Das knusprig-salzige Äußere umhüllt ein cremiges, käsiges Risotto, dazu zum Dippen eine scharfe Arrabbiata. Arrabbiata bedeutet „wütend" auf Italienisch; den Namen verdankt die Sauce also den scharfen Chilischoten. Süß, oder?

TIPP ZUR ZUBEREITUNG IM VORAUS: Die Risottoküchlein können geformt und anschließend eingefroren werden. Vor dem Servieren über Nacht im Kühlschrank auftauen lassen und in der Pfanne braten.

270 g ungekochter Arborioreis

2 l Wasser

2 ¼ TL Meersalz

4 EL Hefeflocken

½ TL frisch gemahlener schwarzer Pfeffer

1 TL italienische Gewürzmischung

30 g italienische Semmelbrösel

2 EL Olivenöl

Arrabbiatasauce, zum Dippen (gekauft oder nach dem Rezept auf Seite 232)

Für die Risottoküchlein: Reis, Wasser und 1 TL Salz in einem großen Topf zum Kochen bringen. Die Hitze reduzieren und ohne Deckel ungefähr 20 Minuten köcheln lassen. Dabei gelegentlich umrühren. In ein großes Sieb oder einen Durchschlag gießen, mit kaltem Wasser abspülen und gut abtropfen lassen.

Reis, Hefeflocken, die übrigen 1 ¼ TL Salz, Pfeffer und italienische Gewürzmischung in einer großen Schüssel gut mit einem großen Löffel vermengen. Den Reisteig mit den Händen zu Bratlingen mit ungefähr 5 cm Durchmesser formen. Die Semmelbrösel auf einem Teller ausbreiten und die Bratlinge damit eindecken.

Das Öl auf mittlerer Flamme in einer großen, antihaftbeschichteten Pfanne erhitzen und die Bratlinge braten, bis sie von beiden Seiten bräunlich und knusprig geworden sind. Mit den übrigen Bratlingen genauso verfahren; bei Bedarf mehr Öl zugeben. Sofort mit einer warmen Arrabbiatasauce zum Dippen servieren.

ORGANIC
Finley
Organic

GEMÜSE

(VERDURE)

Wenn Italiener eines können, dann ist das Gemüse – und zwar ganz simpel zubereitet mit Olivenöl, Salz und Pfeffer. Ich habe mich bemüht, es traditionell zu halten, konnte es mir aber nicht verkneifen, hier und da eine Granatapfelreduktion oder Cashewsahne unterzuschummeln.

GERÖSTETER BLUMENKOHL MIT ZWIEBELN, KNOBLAUCH UND THYMIAN

CAVOLFIORE ARROSTITO CON CIPOLLA, AGLIO, E TIMO

4 PERSONEN

Ich liebe diese simple Beilage, da sie praktisch alle Rezepte aus diesem Buch wunderbar ergänzt. Sie ist angenehm aromatisch und so das perfekte, unaufdringliche Gemüse für ein Hauptgericht, das nach Aufmerksamkeit schreit.

TIPP ZUR ZUBEREITUNG IM VORAUS: Der Blumenkohl kann einen Tag im Voraus geröstet und anschließend im Kühlschrank aufbewahrt werden. Vor dem Servieren erhitzen.

1 kleiner Blumenkohl, in Röschen geschnitten

1 Zwiebel, in Scheiben geschnitten

4 Knoblauchzehen, ungeschält

6 frische Thymianzweige

4 EL Olivenöl

Meersalz

Frisch gemahlener schwarzer Pfeffer

Den Backofen auf 205 °C vorheizen.

Blumenkohl, Zwiebeln, Knoblauch und Thymian in einer Lage auf einem großen Backblech ausbreiten und mit Öl beträufeln. Mit Salz und Pfeffer würzen.

35 bis 45 Minuten rösten, bis Sie mühelos eine Gabel hineinstechen können. Dabei häufig mit einem Pfannenwender oder einem großen Löffel wenden, damit er gleichmäßig bräunt. Gelegentlich kosten, um zu testen, ob Bedarf an mehr Salz oder Pfeffer besteht. Aus dem Backofen nehmen, die Knoblauchzehen entfernen, dann nach Belieben würzen.

ARTISCHOCKEN-KARTOFFELPUFFER*

FRITTELLE DI PATATE CON CARCIOFI

4 PERSONEN

Jeder mag Kartoffelpuffer, aber ich bringe für einen Hauch von Italien gerne zusätzlich Artischocken, Knoblauch und rote Chiliflocken unter. Mit tiefgekühlten, geraspelten Kartoffelpuffern oder Röstis gelingt Ihnen ratzfatz ein super-duper knuspriger, salziger Kartoffel-Artischocken-Schmaus!

- 3 EL Olivenöl
- 1 Dose (400 g) Artischockenherzen, abgetropft und in Scheiben geschnitten
- 2 Knoblauchzehen, zerdrückt
- ⅛ TL rote Chiliflocken
- 450 g gefrorene Kartoffelpuffer
- Meersalz
- Frisch gemahlener schwarzer Pfeffer

1 EL Öl auf mittlerer Flamme in einer großen, antihaftbeschichteten Pfanne erhitzen. Die Artischockenherzen, Knoblauch und roten Chiliflocken ein paar Minuten braten und zum Duften bringen. Die gefrorenen (geriebenen, unaufgetauten) Kartoffelpuffer zugeben und mit Salz und Pfeffer würzen. Die übrigen 2 EL Öl zugeben. Bei mittlerer Hitze garen, bis die Kartoffelpuffer goldbraun und knusprig sind; dabei gelegentlich mit einem Pfannenwender wenden. Nach Bedarf mehr Öl zugeben und mit Salz und Pfeffer abschmecken.

GEGRILLTE BALSAMICO-ZUCCHINIS

ZUCCHINE GRIGLIATE CON ACETO BALSAMICO

4 PERSONEN

Dieses Gericht probierte ich zum ersten Mal, als ich italienische Freunde in einer kleinen Stadt namens Lecce besuchte. Meine nonna (Oma) Lina bekochte uns und machte ein zweites, komplettes veganes Menü nur für mich! Es war eines meiner Lieblings-Gemüserezepte, also bat ich um das Rezept, welches sich als total einfach herausstellte. Ich verwende am liebsten einen gereiften Balsamicoessig für einen süßeren Geschmack.

- 2 Zucchinis, längs dünn geschnitten (ungefähr 5 mm dünn)
- Olivenöl zum Bestreichen
- Meersalz
- Frisch gemahlener schwarzer Pfeffer
- Balsamicoessig zum Beträufeln

Einen Grill oder eine Grillpfanne erhitzen.

Die Zucchinistreifen von beiden Seiten mit Öl bestreichen und mit Salz und Pfeffer würzen. Dann grillen, bis die hübschen Grillstreifen entstehen. Nicht vergessen sie zu wenden und von beiden Seiten zu grillen.

Auf einen Teller geben und mit Essig beträufeln.

Artischocken-Kartoffelpuffer
(Rezept auf der gegenüberliegenden Seite)

RÖSTKARTOFFELN MIT GREMOLATA★

PATATE ARROSTITE CON LA GREMOLADA

4 PERSONEN

Gremolata ist eine italienische Würzmischung aus zerdrücktem Knoblauch, Petersilie, Olivenöl und Zitronenschale. Sie wird üblicherweise zu Fleisch und Fisch gereicht, aber hätten Sie sie nicht viel lieber auf knusprig gerösteten Kartoffeln? Bitte, danke!

RÖSTKARTOFFELN

565 g neue Kartoffeln, in mundgerechte Stücke geschnitten

3 EL Olivenöl

¾ TL Meersalz

GREMOLATA

4 EL frische italienische Petersilie, gehackt

2 Knoblauchzehen, fein gehackt oder zerdrückt

Schale von 1 Zitrone

1 EL Olivenöl

¼ TL Meersalz

¼ TL frisch gemahlener schwarzer Pfeffer

Für die Röstkartoffeln: Den Backofen auf 205 °C vorheizen.

Die Kartoffeln auf einem großen Backblech ausbreiten und mit Öl beträufeln und salzen. Mit einem Pfannenwender wenden, um alle Stücke gleichmäßig einzudecken. 35 bis 45 Minuten rösten, bis die Kartoffeln weich und knusprig sind. Dabei ein- oder zweimal mit einem Pfannenwender wenden, damit sie gleichmäßig bräunen.

Für die Gremolata: Alle Zutaten in einer kleinen Schüssel vermischen. Mit einem Stößel oder der Rückseite eines Löffels zerstoßen, bis alles gut vermischt ist.

Die gerösteten Kartoffeln in einer großen Schüssel mit der Gremolata vermischen. Nach Belieben mit mehr Salz abschmecken und servieren.

FEUERGERÖSTETER KNOBLAUCH-MAIS

MAIS ARROSTITO CON AGLIO

4 PERSONEN

Dieses Rezept ist für Sie, wenn Sie Knoblauch- und Maisliebhaber sind. Es ist eine wunderbare, aufgemotzte Variante dieses Sommerfavoriten und schnell direkt auf der Flamme Ihres Gasherds gemacht. Es geht nichts über diesen gelben Hingucker auf dem Picknicktisch.

60 ml Olivenöl

2 Knoblauchzehen, gehackt oder zerdrückt

4 Maiskolben, Fäden entfernt

1 EL fein gehackte Petersilie

1 Zitrone, halbiert

Meersalz

Öl und Knoblauch in einem kleinen Topf auf mittlerer Flamme unter Rühren erhitzen, bis er duftet. Beiseitestellen.

Die Maiskolben mit einer Küchenzange direkt in die Flamme eines Gasherds oder auf einen Grill legen und rösten. Dabei häufig wenden, damit alle Seiten gar und leicht geschwärzt werden. Wenn der Mais gar ist, vom Herd nehmen.

Die Kolben mit dem Knoblauchöl bestreichen, mit Petersilie bestreuen und mit Zitronensaft beträufeln. Salzen, dann warm servieren.

AGGIUNGI PEPE, SALE
E UN PIZZICO D'AMORE.

(WÜRZEN SIE IMMER MIT PFEFFER, SALZ UND EINER PRISE LIEBE.)

LIMONADEN-BLUMENKOHL★

CAVOLFIORE ALLA LIMONATA

2 PERSONEN

Dieser geröstete Blumenkohl hat es mit süßem Ahornsirup und herber Zitronenschale ganz schön in sich, wie ein Glas saure Limonade! Sagen Sie pingeligen Gemüseessern, wie dieses Gericht heißt, und sie werden es garantiert nicht unversucht lassen. Dieses Rezept kann für mehr Personen problemlos verdoppelt werden.

TIPP ZUR ZUBEREITUNG IM VORAUS: Der Blumenkohl kann einen Tag im Voraus geröstet und anschließend im Kühlschrank aufbewahrt werden. Vor dem Servieren wieder erhitzen.

340 g Blumenkohlröschen, nicht tiefgefroren

Olivenöl

Meersalz

Frisch gemahlener schwarzer Pfeffer

1 TL Ahornsirup

Schale von 1 Zitrone

Den Backofen auf 205 °C vorheizen.

Den Blumenkohl in einer Lage auf einem großen Backblech ausbreiten und mit Öl beträufeln. Mit Salz und Pfeffer würzen.

30 Minuten rösten. Dabei einmal mit einem Pfannenwender oder einem großen Löffel wenden, damit er gleichmäßig bräunt. Aus dem Backofen nehmen, mit Ahornsirup beträufeln, dann erneut in den Ofen schieben und weitere 10 Minuten rösten, bis der Blumenkohl gar und schön braun ist. Aus dem Ofen nehmen, die Zitronenschale zugeben, kurz schütteln und nach Belieben abschmecken.

UN CONTORNO ADATTO FARA' ONORE AL PIATTO.

(DIE PASSENDE BEILAGE EHRT DAS GERICHT.)

GESCHMORTER GRÜNKOHL MIT PINIENKERNEN UND CRANBERRYS

CAVOLO RICCIO BRASATO CON PINOLI E MIRTILLI ROSSI

3 PERSONEN

So esse ich Grünkohl am liebsten. Er ist sowohl heiß als auch kalt unglaublich lecker. Ein Spritzer Zitronensaft am Ende ergänzt den Geschmack wunderbar, aber denken Sie daran, Zitronensaft nie während des Kochens zu grünem Blattgemüse zu geben, da es sonst durch die Säure braun wird. Grünkohl zum Wohl!

Das Öl und den Knoblauch in einer großen Pfanne auf mittlerer Flamme erhitzen. Grünkohl zugeben und mit Salz und Pfeffer würzen. In der Pfanne garen, bis er fast welk ist. Dabei häufig umrühren. Pinienkerne und Cranberrys zugeben und 1 weitere Minute dünsten. Mit Gemüsebrühe ablöschen und köcheln lassen, bis der Grünkohl weich wird und die Brühe verkocht ist. Vom Herd nehmen, die Knoblauchzehe entfernen und den Grünkohl auf einem Teller anrichten. Vor dem Servieren mit Zitronensaft beträufeln und abschmecken.

2 EL Olivenöl

1 Knoblauchzehe, geschält und zerstampft

½ Bund krauser Grünkohl, in Chiffonade geschnitten, siehe Tipp (Seite 26), oder in Stücke gerupft

Meersalz

Frisch gemahlener schwarzer Pfeffer

2 EL Pinienkerne

4 EL getrocknete Cranberrys

120 ml Gemüsebrühe

1 halbe Zitrone

AUBERGINE ALLA FUNGHETTO

MELANZANE A FUNGHETTO

6 PERSONEN

Meine beste Freundin Danielle machte mich in Italien mit diesem Gericht bekannt. Das Wort „Funghetto" könnte Sie glauben machen, dass es sich hierbei um ein Pilzgericht handelt, doch das tut es nicht! Es bedeutet Aubergine (melanzane), die nach Art kleiner Pilze (funghetto) zubereitet wurde. Die Aubergine wird in mundgerechte Stücke geschnitten und mit Tomaten, Knoblauch und Meersalz sehr weich gebraten. Ich habe dieses Gericht einmal in einem Restaurant in New York bestellt, aber es war einfach nicht dasselbe. Daher brachte mir Danielle dieses besondere Rezept, das rein zufällig vegan ist, aus Italien mit. ***Grazie!***

Servieren Sie es zu braunem Reis oder Quinoa, kalt als Gemüsesalat oder auf Crostini oder Bruschetta.

3 EL Olivenöl

3 Knoblauchzehen, geschält und zerstampft

1 große Aubergine, mit Schale in 1 cm große Stücke geschnitten

1 große Tomate, gehackt

¾ TL Meersalz

Frisch gemahlener schwarzer Pfeffer

2 EL frische italienische Petersilie, gehackt

Das Öl in einer großen Pfanne auf mittlerer Flamme erhitzen, dann die Knoblauchzehen zugeben. 2 Minuten braten, bis der Knoblauch duftet. Auberginen und Tomaten zugeben und ungefähr 15 Minuten köcheln lassen, bis die Auberginenstücke braun sind. Sollten die Auberginen an der Pfanne haften bleiben, geben Sie vorsichtig esslöffelweise etwas mehr Wasser hinzu. Salzen und pfeffern und die Auberginen sehr weich kochen. Erneut abschmecken, dann die Knoblauchzehen herausnehmen. Mit Petersilie bestreuen und servieren.

GERÖSTETER PARMESAN-SPARGEL*

ASPARAGI ARROSTITI AL PARMIGIANO

4 PERSONEN

Hier ist mein absolutes Lieblingsgemüserezept im gesamten Universum! Wenn ich diesen Spargel zum Abendessen auftische, machen alle große Augen und wollen wissen, wie zum Kuckuck das Gericht ohne Käse auskommt. Vertrauen Sie mir – beeindrucken Sie Ihre Mutter, Freunde oder amore mit diesem Gericht und Sie werden als Meisterkoch in die Geschichte eingehen.

1 Bund Spargel, Enden entfernt

2 EL Olivenöl

Meersalz

Frisch gemahlener schwarzer Pfeffer

1 halbe Zitrone

Parmesan (Seite 244)

Den Backofen auf 200 °C vorheizen.

Den Spargel auf einem großen Backblech in ausreichend Öl schwenken, um ihn einzudecken, dann mit Salz und Pfeffer würzen.

12 bis 18 Minuten rösten, bis der Spargel gabelzart ist und die Enden leicht knusprig sind. Aus dem Backofen nehmen und nach Belieben würzen. Sehr sachte eine Zitrone über dem Spargel auspressen, dann mit 1 bis 2 Esslöffeln des Parmesans bestreuen.

CHLOES TIPP: SPARGEL

Nehmen Sie die Gummibänder, die das Bund Spargel zusammenhalten, erst nach dem Kürzen der Enden ab. Dadurch bleibt der Spargel beim Schneiden an Ort und Stelle.

GERÖSTETER GRANATAPFEL-ROSENKOHL ★

CAVOLETTI DI BRUXELLES ARROSTITI AL MELOGRANO

6 BIS 8 PERSONEN

Die Kombination aus herbem Granatapfelsaft und süßem, karamellisiertem Rosenkohl ist zum Fingerabschlecken lecker! Man munkelt, ich stehe nach dem Backen gern vor dem Ofen und esse das halbe Backblech, bevor es überhaupt am Esstisch ankommt. Wenn Sie keinen Rosenkohl mögen, bitte ich Sie, diesen Röschen trotzdem eine Chance zu geben – Sie werden nicht genug kriegen können.

680 g Rosenkohl

60 ml Olivenöl

¾ TL Meersalz

¼ TL frisch gemahlener schwarzer Pfeffer

120 ml Granatapfelsaft

1 EL Ahornsirup

4 EL Mandelblättchen

Den Backofen auf 190 °C vorheizen.

Gelbe und braune äußere Blättchen der Rosenkohlröschen entfernen, die Stiele kürzen, dann jedes Röschen halbieren oder vierteln. Die Röschen auf einem großen Backblech in Öl, Salz und Pfeffer schwenken, bis sie gut eingedeckt sind.

30 bis 40 Minuten rösten, je nach Größe des Rosenkohls. Alle 10 Minuten prüfen und häufig wenden, damit der Rosenkohl gleichmäßig gart. Er soll schön zart werden.

Währenddessen den Granatapfelsaft und den Ahornsirup in einem kleinen Topf verrühren und auf mittlerer Flamme zum Köcheln bringen. Ohne Deckel 10 bis 15 Minuten köcheln lassen, bis er auf sirupähnliche Konsistenz eingekocht ist.

Die gerösteten Rosenkohlröschen mit dem Granatapfelsirup beträufeln, dann die Mandelblättchen untermischen.

CHILI-ZITRONE-BROKKOLI

BROCCOLI AL LIMONE E PEPERONCINO

4 PERSONEN

So isst mein Dad Brokkoli am liebsten. Wir streiten uns immer um den letzten Bissen. Es ist die erdenklich einfachste Art, Brokkoli zuzubereiten, aber er ist schön herb und voller Geschmack – das perfekte, schnell gemachte Gemüse für unter der Woche.

1 Brokkoli, in Röschen geschnitten

Olivenöl

Meersalz

Frisch gemahlener schwarzer Pfeffer

Rote Chiliflocken

1 halbe Zitrone

Den Brokkoli sehr weich dünsten oder kochen. Auf einem Teller anrichten und mit Öl beträufeln. Mit Salz und Pfeffer würzen, dann die Chiliflocken auf den Brokkoli streuen. Abschließend mit Zitronensaft beträufeln.

KARTOFFELPÜREE MIT KNOBLAUCH UND MEERSALZ

PURÈ DI PATATE CON AGLIO E SALE MARINO

4 PERSONEN

Sie sehnen sich nach einer tröstenden Umarmung? Probieren Sie stattdessen eine Schüssel dieses Kartoffelpürees! Es hat denselben Effekt.

2 Russet-Kartoffeln, geschält und in 5 cm große Stücke geschnitten

180 ml Gemüsebrühe oder Soja-, Mandel-, Kokos- oder Reismilch

2 Knoblauchzehen, zerdrückt

2 EL Olivenöl

Meersalz

Frisch gemahlener schwarzer Pfeffer

Die Kartoffeln in einem großen Topf mit kaltem Wasser bedecken. Das Wasser großzügig salzen, einen Deckel aufsetzen und zum Kochen bringen. Die Kartoffeln kochen, bis Sie mühelos eine Gabel hineinstechen können. Das Wasser abgießen und die Kartoffeln zurück in den Topf geben.

Brühe, Knoblauch und Öl zugeben und zerstampfen. Mit Salz und Pfeffer würzen und bei Bedarf mit mehr Brühe oder Öl abschmecken.

RÜBSTIEL MIT KNOBLAUCHBROTHÄPPCHEN

RAPE CON BOCCONCINI DI PANE ALL'AGLIO

4 BIS 6 PERSONEN

Als Kind hasste ich Rübstiel. „Er ist so bitter! Warum müssen wir uns so foltern?", klagte ich. Aber dann erfand meine Mom dieses Rezept und jetzt kann ich gar nicht genug davon bekommen! Die Brothäppchen absorbieren Feuchtigkeit und Geschmack vom Olivenöl und Knoblauch. Sie gleichen so den bitteren Geschmack des Rübstiels aus und machen ihn zu einer ultraherzhaften Beilage.

2 Bunde Rübstiel

2 EL Olivenöl

2 große Handvoll Brotwürfel (2,5 cm groß)

2 Knoblauchzehen, fein gehackt

¼ TL rote Chiliflocken

Meersalz

Frisch gemahlener schwarzer Pfeffer

Welke oder gelbe Blätter entfernen und die harten, dicken unteren Anteile der Stängel abschneiden. Den Rübstiel gut waschen, dann in 7,5 cm große Stücke schneiden. Das ganze Bund, einschließlich Blättern, wird verwendet.

Einen großen Topf mit Salzwasser zum Kochen bringen. Rübstiel hineingeben und für 3 bis 5 Minuten köcheln lassen. Entscheiden Sie selbst, wie zart er sein soll. In einem Durchschlag abtropfen lassen. Während der Rübstiel abtropft, das Öl im selben Topf auf mittlerer Flamme erhitzen und die Brotwürfel zugeben. Ungefähr 5 Minuten garen, bis sie langsam goldgelb werden. Dabei häufig wenden. Knoblauch, rote Chiliflocken und Rübstiel zugeben. Mit Salz und Pfeffer würzen und noch ein paar Minuten weiterbraten. Bei Bedarf mehr Öl zugeben. Die Brothäppchen sollten weich werden. Noch einmal abschmecken und servieren.

CREME-SPINAT

VELLUTATA DI SPINACI

3 BIS 4 PERSONEN

Dieses Rezept ist eine neue, moderne vegane Interpretation des klassischen Creme- oder Rahmspinats, den wir von Hochzeiten und Thanksgiving kennen. Diese aktualisierte Version ist nicht nur weniger reichhaltig und viel cremiger, sondern wartet außerdem mit dem wunderbaren Geschmack von Knoblauch auf.

80 g rohe Cashewkerne*

120 ml Wasser

1 EL Olivenöl

1 kleine Zwiebel, fein gehackt

280 g junger Spinat

3 Knoblauchzehen, fein gehackt

¾ TL Meersalz

Frisch gemahlener schwarzer Pfeffer

Prise gemahlener Muskat

*Wenn Sie keinen sehr leistungsstarken Mixer (zum Beispiel einen Vitamix) haben, dann die Cashewkerne über Nacht einweichen oder 10 Minuten in Wasser kochen, dann abtropfen lassen. Dadurch werden die Cashewkerne aufgeweicht, damit die Sahne wirklich seidig glatt wird.

Cashewkerne und Wasser in einen Mixer geben und mindestens 1 Minute auf hoher Stufe sehr glatt pürieren. Beiseitestellen.

Das Öl in einer großen Pfanne auf mittlerer Flamme erhitzen. Die Zwiebel zugeben und weich garen. Den Spinat zugeben und ungefähr 5 Minuten garen, bis er unter der Hitze zerfällt. Knoblauch zugeben und 1 Minute braten, bis er duftet. Jetzt die Cashewsahne zugeben und einige Minuten köcheln lassen, bis alles durch und durch heiß ist. Mit Salz, Pfeffer und Muskat abschmecken und warm servieren.

ROSMARIN-SÜSSKARTOFFELN MIT SÜSSSCHARFEM SENF★

PATATE DOLCI AL ROSMARINO CON SENAPE PICCANTE

4 BIS 6 PERSONEN

Ich liebe Süßkartoffeln so sehr, dass ich beinahe selbst zu einer wurde! Als Baby musste ich ins Krankenhaus eingeliefert werden, weil meine Haut aufgrund von zu viel Betakarotin orange geworden war, da ich so viele Süßkartoffeln gegessen hatte. In diesem Rezept röste ich sie süß und knusprig mit Meersalz und Rosmarin, dann dippe ich sie in eine süß-scharfe Senfsauce. Verwenden Sie Zahnstocher, falls Sie diese Kartoffeln einer großen Gruppe servieren.

Den Backofen auf 200 °C vorheizen.

Die Süßkartoffeln in einer großen Schüssel im Öl schwenken. Rosmarin und Salz zugeben und erneut gut vermengen. Mit Pfeffer würzen.

Die Süßkartoffeln auf einem großen Backblech ausbreiten. 30 bis 40 Minuten rösten, bis Sie mühelos eine Gabel hineinstechen können. Dabei häufig mit einem Pfannenwender oder einem großen Löffel wenden, damit sie gleichmäßig bräunen. Aus dem Backofen nehmen und noch einmal nach Wunsch abschmecken.

700 bis 900 g Süßkartoffeln, ungeschält und in mundgerechte Stücke geschnitten

60 ml Olivenöl, plus etwas mehr nach Bedarf

1 EL gehackter frischer Rosmarin

1 TL Meersalz

Frisch gemahlener schwarzer Pfeffer

SENF-DIP

Senf und Zucker in einer kleinen Schüssel gut vermischen, bis sich der Zucker aufgelöst hat. Zu den Süßkartoffeln servieren.

80 ml gelber, scharfer brauner oder körniger Senf

65 g brauner Zucker

Avocado-Caprese-Nudelsalat
(Rezept auf Seite 56)

SUPPEN UND SALATE

(ZUPPA E INSALATA)

Meine italienischen Suppen und Salate gehen weit über Minestrone oder Insalata mista hinaus, die Sie vielleicht an dieser Stelle erwarten würden und die man als Veganer in jedem italienischen Restaurant bestellen kann. Stattdessen verwende ich italienische Zutaten wie Fenchel, Grapefruits, Tomaten und Basilikum. Sie werden sehen, dass einige Rezepte eher traditionell inspiriert sind, wie meine Panzanella (Brotsalat), andere vegan inspiriert, wie meine Pilzcremesuppe mit frischer italienischer Petersilie.

AVOCADO-CAPRESE-NUDELSALAT*

INSALATA DI PASTA ALLA CAPRESE CON AVOCADO

6 PERSONEN

Dieser wunderschöne, frische, sommerliche Nudelsalat (siehe Foto auf Seite 54) ist einer meiner Favoriten. Die Avocado macht ihn cremig und nimmt den Platz der Mozzarella ein, die normalerweise zu einem Caprese-Salat gehört. Ich verwende gern Vollkornweizen-Fusilli, da sie etwas Biss mitbringen und die cremigen Avocadostücke mit ihren Rillen gut auffangen.

450 g Vollkornweizen-Fusilli (oder glutenfreie Nudeln)

2 EL Olivenöl, plus mehr nach Bedarf

2 EL Zitronensaft

2 Knoblauchzehen, fein gehackt

2 TL Meersalz

½ TL rote Chiliflocken

350 g Kirschtomaten, halbiert

1 Bund Basilikum, in Chiffonade geschnitten, siehe Tipp (Seite 26)

2 reife Avocados, fein gewürfelt

Frisch gemahlener schwarzer Pfeffer

Einen großen Topf mit Salzwasser zum Kochen bringen. Fusilli zugeben und nach Packungsanweisung kochen. Das Wasser abgießen, die Nudeln unter kaltem Wasser abschrecken und zurück in den Topf geben. Die Nudeln im Öl schwenken und beiseitestellen.

Zitronensaft, Knoblauch, Salz, rote Chiliflocken, Tomaten, Basilikum und Avocadowürfel zugeben. Mit schwarzem Pfeffer würzen. Mit Handschuhen die Nudeln mit den anderen Zutaten vermengen und dabei die Avocadowürfel leicht mit den Fingern zerdrücken. Nach Bedarf mit mehr Öl beträufeln und nach Belieben abschmecken.

PASTA MIT BOHNEN

PASTA AI FAGIOLI

6 PERSONEN

Meine Version dieses italienischen Grundrezepts ist einfach einfach! Ich finde viele Rezepte für Pasta mit Bohnen viel zu kompliziert, daher präsentiere ich Ihnen hiermit meine rüschenlose, wunderbar einfache Zubereitungsmethode, bei der Sie am Ende nur einen einzigen Topf waschen müssen. Pasta mit Bohnen entstand als Arme-Leute-Eintopf aus Saucenresten, wird aber heute in den schicksten italienischen Restaurants serviert.

ANMERKUNG: *Wenn es sofort serviert wird, ähnelt dieses Gericht einer Suppe. Es dickt aber mit der Zeit nach. Ich mag beides!*

2 EL Olivenöl

1 kleine Zwiebel, fein gehackt

1 Möhre, geschält und fein gehackt

2 Knoblauchzehen, fein gehackt

720 ml Gemüsebrühe

240 ml Wasser

1 Dose (225 g) Tomatensauce

1 Dose (400 g) Cannellinibohnen, gewaschen und abgetropft

1 EL frischer Thymian

1 TL Meersalz

½ TL frisch gemahlener schwarzer Pfeffer

80 g kleine Muschel- oder Zylindernudeln (oder glutenfreie Nudeln)

Das Öl in einem großen Topf auf mittlerer Flamme erhitzen. Zwiebel und Möhre zugeben und weich braten, dann Knoblauch zugeben und 1 weitere Minute garen, bis der Knoblauch duftet. Brühe, Wasser, Tomatensauce, Bohnen, Thymian, Salz und Pfeffer zugeben. Ohne Deckel erhitzen, bis die Brühe zu köcheln beginnt. Die Nudeln zugeben und bei häufigem Umrühren sachte köcheln lassen, bis sie weich sind. Mit Salz abschmecken und servieren.

ARTISCHOCKEN-PESTO-NUDELSALAT

INSALATA DI PASTA AL PESTO DI CARCIOFI

4 BIS 6 PERSONEN

Dieser würzige Nudelsalat ist perfekt für Artischocken- oder Pestoliebhaber. Er kann auch warm als Nudelgericht serviert werden. Sie können jede beliebige Sorte Nudeln verwenden, aber ich mag Orecchiette („Öhrchen") am liebsten, da sie das Pesto so wunderbar auffangen.

TIPP ZUR ZUBEREITUNG IM VORAUS: Am besten machen Sie dieses Gericht kurz vor dem Servieren. Nach 24 Stunden schmeckt es immer noch gut, dürfte aber beginnen bräunlich zu werden.

450 g Orecchiette (oder glutenfreie Nudeln)

1 Dose (400 g) Artischockenherzen, abgetropft (marinierte oder gefrorene und anschließend aufgetaute sind ebenfalls geeignet)

1 Bund frische italienische Petersilie

90 g Walnüsse

1 Knoblauchzehe

1 EL Zitronensaft

1 ¼ TL Meersalz

1 TL frisch gemahlener schwarzer Pfeffer

120 ml Olivenöl

120 ml Wasser

Einen großen Topf mit Salzwasser zum Kochen bringen. Die Orecchiette zugeben und nach Packungsanweisung kochen. Das Wasser abgießen, die Nudeln unter kaltem Wasser abschrecken und zurück in den Topf geben.

Die Artischockenherzen, Petersilie, Walnüsse, Knoblauch, Zitronensaft, Salz, Pfeffer, Öl und Wasser in einer Küchenmaschine mit der Pulse-Funktion zerkleinern. Nicht pürieren; die Sauce soll noch etwas Struktur behalten.

Die Sauce unter die Nudeln mischen und beliebig abschmecken.

COUSCOUS-SALAT MIT SÜSSKARTOFFELN UND MANDELN

INSALATA DI COUSCOUS CON PATATE DOLCI E MANDORLE

4 BIS 6 PERSONEN

Gruß und Couscous! Wenn Sie diesen geschmackvollen Couscous-Salat bei Ihrer Dinnerparty auf den Tisch stellen, vertragen sich alle! Er steckt bis zum Rand voll mit gerösteten Süßkartoffeln, frischem Orangensaft und Orangenschale, Cranberrys und frischem Thymian.

TIPP ZUR ZUBEREITUNG IM VORAUS: Das gesamte Rezept (mit Ausnahme des frischen Thymians) kann einen Tag im Voraus zubereitet und im Kühlschrank gelagert werden. Dann kurz vor dem Servieren den Thymian untermischen.

4 EL Olivenöl

2 große Süßkartoffeln, geschält und in 1,5 cm große Stücke geschnitten

1 TL Meersalz, plus mehr nach Belieben

Frisch gemahlener schwarzer Pfeffer

290 g israelischer Perl-Couscous

620 ml Gemüsebrühe

Schale und Saft von 1 Orange

4 EL getrocknete Cranberrys

4 EL Mandelblättchen oder -stifte, geröstet

2 EL frischer Thymian

Den Backofen auf 190 °C vorheizen.

Die Süßkartoffeln in einer großen Schüssel in 2 EL des Öls schwenken und nach Belieben mit Salz und Pfeffer würzen. Auf einem großen Backblech ausbreiten und 40 bis 45 Minuten gabelzart rösten; dabei ein- oder zweimal wenden. Abkühlen lassen.

In der Zwischenzeit 1 EL Öl, Couscous, 1 TL Salz und die Gemüsebrühe in einen mittelgroßen Topf geben. Aufkochen lassen, dann die Hitze reduzieren und mit Deckel 10 Minuten köcheln lassen. Vom Herd nehmen und weiterhin mit Deckel 5 Minuten ruhen lassen, bis die Flüssigkeit vollständig aufgenommen wurde. Den übrigen 1 EL Öl unter den Couscous mischen, dann zum Abkühlen auf einem großen Backblech ausbreiten.

Den abgekühlten Couscous mit den gerösteten Süßkartoffeln, Orangenschale und -saft, Cranberrys, Mandeln und Thymian vermengen. Noch einmal abschmecken und servieren.

GRAPEFRUIT-AVOCADO-FENCHELSALAT

INSALATA DI POMPELMO, AVOCADO, E FINOCCHIO

4 PERSONEN

Dieses Rezept klingt vielleicht nach dem schlimmsten Albtraum für alle, die beim Essen sehr wählerisch sind, aber in Kombination entsteht ein überraschend angenehmer Geschmack. Die süß-saure Grapefruit mit der milden, cremigen Avocado und dem knackigem Fenchel ist der perfekte Beilagensalat zu jeder Mahlzeit.

Dieser leichte, frische kalifornische Salat passt perfekt zu herzhaften Pastagerichten. Die süße Agaven-Vinaigrette dämmt den pfeffrigen Geschmack des Rucolas und die Grapefruit steuert erfrischende Zitrusnoten bei.

2 große Grapefruits, segmentiert und Saft aufgefangen, siehe Tipp (gegenüberliegende Seite)

1 EL Olivenöl

2 EL Apfelessig

1 EL Agavendicksaft

135 g junger Rucola

1 kleine Fenchelknolle, so dünn wie möglich gehobelt, siehe Tipp unten

1 Avocado, in Scheiben

Meersalz und frisch gemahlener schwarzer Pfeffer

Die Grapefruit segmentieren und den restlichen Saft aus den Membranen pressen. Sie benötigen ungefähr 60 ml Saft.

Für das Dressing: Öl, Essig, Agavendicksaft und 60 ml Grapefruitsaft im Mixer pürieren. Die Zutatenproportionen nach Belieben anpassen.

Rucola und Fenchel in einer kleinen Menge Dressing schwenken. Nach und nach Dressing zugeben, bis der Salat gut eingedeckt ist. Avocado zugeben und mit Salz und Pfeffer würzen. Mit den Grapefruitsegmenten belegen und servieren.

CHLOES TIPP: FENCHEL

Fenchel ist ein Wurzelgemüse. Schadhafte äußere Blätter und Stiele entfernen. Die Knolle vierteln, dann den Strunk aus jedem Viertel entfernen. Die Viertel mit einem Gemüseschäler in sehr dünne Scheiben schneiden. Dicke Scheiben sind nicht gut, da sie zäh und schwierig zu kauen sind.

CHLOES TIPP: GRAPEFRUITS SEGMENTIEREN

Beim Segmentieren von Zitrusfrüchten schneiden Sie schöne, saubere Spalten aus der Frucht, an denen keine weiße Fruchtmembran haftet. Zum Segmentieren einer Grapefruit schneiden Sie den oberen und unteren Anteil der Grapefruit mit einem sehr scharfen Messer ab. Legen Sie sie jetzt mit einer angeschnittenen Seite auf ein Schneidebrett und schneiden Sie vorsichtig die Schale von der Frucht. Fangen Sie oben an und schneiden Sie von oben nach unten 1 cm breite Streifen ab. Dann nehmen Sie die Frucht in die Hand und stechen das Messer sehr vorsichtig von beiden Seiten zwischen das Segment und die Membran und hebeln die Fruchtspalte heraus. Wenn Sie fertig sind, bleibt nur die Membran zurück und Sie haben perfekte Grapefruit-Segmente. Sie können den restlichen Saft aus der Membran pressen.

AVOCADO-SALAT MIT GERÖSTETEN MÖHREN★

INSALATA DI CAROTE ARROSTITE ED AVOCADO

4 PERSONEN

Dieses Rezept wurde von einem meiner Favoriten in New York inspiriert: ABC Kitchen. Dabei handelt es sich um ein wunderschönes Restaurant im Flatiron District, das jeden Tag regionales Obst und Gemüse vom Union Square Green Market auf der Karte hat. Aber zurück zu diesem Salat: Ich finde die Kombination aus Avocados und karamellisierten gerösteten Möhren einfach genial. Ich lernte den Geschmack bei ABC Kitchen kennen und musste das Gericht natürlich zu Hause nachbauen. Meine Rezeptetesterin Katie sagte, dass sie die Möhren an Pommes erinnern, denn die machen ähnlich süchtig!

***TIPP ZUR ZUBEREITUNG IM VORAUS:** Die Möhren können bis zu 3 Tage im Voraus geröstet und bis zur Verwendung im Kühlschrank aufbewahrt werden.*

RUSTIKALE CROÛTONS

2 EL Olivenöl

2 große Handvoll Brotwürfel (2,5 cm groß)

Meersalz

Frisch gemahlener schwarzer Pfeffer

SALAT

8 Möhren, geschält und die Enden abgeschnitten

6 Zweige frischer Thymian, plus etwas mehr zum Garnieren

4 Knoblauchzehen, ungeschält und ganz

Olivenöl

Meersalz

Frisch gemahlener schwarzer Pfeffer

1 TL italienische Gewürzmischung

¼ TL gemahlener Kreuzkümmel

90 g junger Rucola

1 halbe Zitrone

1 Avocado, gewürfelt

Für die rustikalen Croûtons: Das Öl auf mittlerer Flamme in einer großen Pfanne erhitzen und die Brotwürfel 10 Minuten leicht knusprig braten. Die Hitze nach Bedarf anpassen. Noch während des Bratens mit Salz und Pfeffer würzen und anschließend beiseitestellen.

Den Backofen auf 205 °C vorheizen. Möhren, Thymian und Knoblauch auf einem großen Backblech mit gerade genug Olivenöl vermischen, dass alles eingedeckt wird. Mit Salz und Pfeffer würzen. Die italienische Gewürzmischung und den Kreuzkümmel zugeben. 40 bis 45 Minuten rösten, bis die Möhren weich und schön braun sind. Dabei häufig mit einem Pfannenwender wenden, damit nichts anbrennt. Den gerösteten Thymian im Anschluss wegwerfen. Der Knoblauch kann geschält und auf eine Scheibe Brot gestrichen werden.

Den Rucola in eine große Schüssel geben und mit wenig Öl beträufeln. Die halbe Zitrone auspressen, zugeben, mit Salz und Pfeffer würzen und alles vermischen. Beliebig abschmecken.

Pro Portion etwas Rucola mit Dressing auf einen Teller geben, dann je zwei geröstete Möhren (warm oder bei Zimmertemperatur), Avocado und Croûtons darauf anrichten. Den Salat mit dem frischen Thymian garnieren und servieren.

GEHACKTER ITALIENISCHER SALAT

INSALATA SPEZZETTATA

4 PERSONEN

Mein Bruder Andy liebt gehackten Salat wie Veganer Cupcakes lieben. Ich weiß noch, wie er ihn als Kind in jedem italienischen Restaurant, das wir besuchten, schüsselweise in sich hineinschaufelte. Er bat immer um eine Extraportion Kichererbsen. Er inspirierte mich bei der Kreation dieses Salats mit Kichererbsen, gehackten Tomaten, Kalamata-Oliven, frischem Basilikum und Tofu-„Mozzarella". Ich finde, meine Version schmeckt mindestens genauso gut wie der ursprüngliche Salat mit Salami und Käse. Als mein Bruder beide Daumen nach oben streckte, wusste ich: Mein Werk war vollbracht.

DRESSING

1 Knoblauchzehe, fein gehackt

1 EL Dijonsenf

½ TL Meersalz

2 EL Rotweinessig

120 ml Olivenöl

1 EL Agavendicksaft

SALAT

1 Römersalat, fein gehackt

½ Bund frisches Basilikum, in Chiffonade geschnitten, siehe Tipp (Seite 26)

1 Dose (400 g) Kichererbsen, gewaschen und abgetropft

1 Tomate, gehackt

100 g Kalamata-Oliven, entsteint und gehackt

2 Frühlingszwiebeln, davon die weißen und hellgrünen Anteile, dünn geschnitten

200 g sehr fester Tofu, abgetropft und trocken getupft

Meersalz

Frisch gemahlener schwarzer Pfeffer

Für das Dressing: Alle Zutaten in den Mixer geben und glatt pürieren. Das Dressing kann bis zu 3 Tage im Kühlschrank gelagert werden.

Für den Salat: Römersalat, Basilikum, Kichererbsen, Tomate, Oliven und Frühlingszwiebeln in einer großen Schüssel vermischen. Dann den Tofu mit den Händen direkt auf den Salat zerkrümeln. Die gewünschte Menge Dressing untermischen und mit Salz und Pfeffer abschmecken. Zum Schluss noch etwas Pfeffer auf jede Portion rieseln.

SOMMER-BROTSALAT*

PANZANELLA

6 BIS 8 PERSONEN ALS VORSPEISE; 4 PERSONEN ALS MAHLZEIT

Wenn Sie mit einem Salat richtig Eindruck schinden möchten, sind Sie hier richtig! Es geht nichts über einen guten italienischen Brotsalat. Das Brot saugt die Aromen des Knoblauchs und des süßen Balsamicoessigs auf, aber das Basilikum gibt dem Ganzen den letzten Schliff – es ist ungefähr so, als äßen Sie Tomaten-Bruschetta mit der Gabel. Mit Avocado habe ich dem Rezept zusätzlich etwas kalifornisches Flair verpasst.

4 EL Olivenöl

3 große Handvoll italienische Brotwürfel (2 cm groß)

Meersalz

1 Gurke, geschält, entkernt und gehackt

3 große Tomaten, grob gehackt

½ kleine rote Zwiebel, dünn geschnitten

1 Knoblauchzehe, fein gehackt

2 EL Balsamicoessig

Frisch gemahlener schwarzer Pfeffer

2 Bunde frisches Basilikum, in Stücke gerupft

90 g Rucola

1 Avocado, gewürfelt

3 EL Öl in einer Pfanne auf mittlerer Flamme erhitzen. Die Brotwürfel zugeben. Salzen und 5 bis 10 Minuten braten, bis sie leicht geröstet sind. Dabei häufig wenden.

Brot, Gurke, Tomaten, Zwiebel und Knoblauch in einer großen Schüssel vermengen. Mit dem übrigen 1 EL Öl und dem Essig beträufeln und durchmischen. Salzen und pfeffern, dann 30 Minuten bei Zimmertemperatur ruhen lassen, damit sich die Aromen richtig verbinden können. Kurz vor dem Servieren Basilikum, Rucola und Avocado untermischen.

PILZCREMESUPPE

VELLUTATA DI FUNGHI

4 PERSONEN

Weg mit der roten Dose, zaubern Sie Ihre eigene hausgemachte Pilzcremesuppe! Diese Suppe ist vielleicht nicht klassisch italienisch, aber ich mag sie viel lieber als die eher dünnen italienischen Pilzsuppen. Ich habe diese Suppe an einem stürmischen Abend in New York gemacht. Meine Mitbewohnerin Esha probierte einen Löffel, sagte ihre Lieferbestellung ab und vertilgte fast den ganzen Topf mit mir. Sie konnte kaum glauben, dass die Suppe keinen Tropfen Sahne enthielt!

TIPP ZUR ZUBEREITUNG IM VORAUS: Die Suppe kann bis zu 1 Monat im Tiefkühler und bis zu 3 Tage im Kühlschrank aufbewahrt werden. Vor dem Servieren wieder erhitzen.

2 EL Olivenöl

1 Zwiebel, grob gehackt

450 g weiße Champignons, geputzt und grob gehackt

1 Knoblauchzehe, fein gehackt

60 ml trockener Weißwein

720 ml Wasser

2 TL Meersalz

120 ml Kokosmilch aus der Dose, vor dem Abmessen gut verrühren

Frisch gemahlener schwarzer Pfeffer

4 EL frische italienische Petersilie, gehackt

Das Öl in einem großen Topf auf mittlerer Flamme erhitzen. Zwiebeln und Pilze zugeben und weich braten. Knoblauch zugeben und 1 weitere Minute braten, bis der Knoblauch duftet. Mit dem Wein ablöschen und die Flüssigkeit einkochen lassen, bis der Topf fast trocken ist. Dann Wasser und Salz zugeben und kräftig umrühren. Einen Deckel aufsetzen und zum Kochen bringen, dann die Hitze reduzieren und mit Deckel für ungefähr 10 Minuten köcheln lassen.

Anschließend die Suppe portionsweise im Mixer fast glatt pürieren. Zurück in den Topf gießen und die Kokosmilch einrühren. Erneut erhitzen. Mit Pfeffer würzen. Auf Schüsseln verteilen und mit Petersilie garnieren.

BLUMENKOHLSUPPE MIT PESTO UND CONCHIGLIONI

ZUPPA DI CAVOLFIORE CON CONCHIGLIONI AL PESTO GENOVESE

4 BIS 6 PERSONEN

Diese Suppe kann als Hauptspeise serviert werden. Die saftigen Muschelnudeln schwimmen in einer dicken, cremigen Blumenkohlsuppe, abgerundet mit einem Klecks Basilikumpesto – ein Abendessen für die Seele.

***TIPP ZUR ZUBEREITUNG IM VORAUS:** Die Suppe kann bis zu 1 Monat im Tiefkühler und bis zu 3 Tage im Kühlschrank aufbewahrt werden. Vor dem Servieren erhitzen und mit Pesto garnieren.*

60 g Conchiglioni aus braunem Reis

2 EL Olivenöl

1 Zwiebel, grob gehackt

2 TL Meersalz

3 Knoblauchzehen, fein gehackt

480 ml Gemüsebrühe

340 g Blumenkohlröschen

240 ml Wasser

2 TL Zitronensaft

Frisch gemahlener schwarzer Pfeffer

Klassisches Pesto (Seite 233)

Einen großen Topf mit Salzwasser zum Kochen bringen. Die Nudeln zugeben und nach Packungsanweisung kochen. Das Wasser abgießen und die gekochten Nudeln beiseitestellen.

Das Öl in einem großen Topf auf mittlerer Flamme erhitzen, dann die Zwiebel zugeben. 1 TL Salz zugeben und die Zwiebel weich braten. Knoblauch zugeben und 1 weitere Minute braten, bis der Knoblauch duftet. Mit Gemüsebrühe ablöschen, einen Deckel aufsetzen und zum Kochen bringen. Blumenkohl und den übrigen 1 TL Salz zugeben, den Deckel wieder aufsetzen und ungefähr 8 bis 10 Minuten köcheln lassen, bis der Blumenkohl gar ist.

Anschließend die Suppe portionsweise im Mixer glatt pürieren. Zurück in den Topf geben und Wasser, Zitronensaft und die gekochten Conchiglioni einrühren. Mit Pfeffer abschmecken, dann auf Schüsseln verteilen. Einen Esslöffel Pesto in jede Schüssel geben und spiralförmig einrühren. Sofort servieren.

SCHARFE TOMATENSUPPE★

ZUPPA DI POMODORO PICCANTE

6 PERSONEN

Dies ist keine gewöhnliche Tomatensuppe! Rechnen Sie damit, dass die Gespräche zum Stillstand kommen, wenn diese Suppe aufgetischt wird, denn alle werden mit dem Löffeln dieser mild scharfen und völlig einzigartigen Suppe beschäftigt sein. Stellen Sie sich eine süße Tomatensuppe vor mit einem Hauch von Kokosmilch, einem Kick italienischer Gewürze und riesigen rustikalen Croûtons, die die intensiven Aromen aufbrechen. Wenn es glutenfrei sein soll, lassen Sie die Croûtons weg.

***TIPP ZUR ZUBEREITUNG IM VORAUS:** Die Suppe kann bis zu 1 Monat im Tiefkühler und bis zu 3 Tage im Kühlschrank aufbewahrt werden. Vor dem Servieren erhitzen und mit Kokosmilch und Croûtons garnieren.*

SUPPE

2 EL Olivenöl

1 Zwiebel, grob gehackt

2 Knoblauchzehen, fein gehackt

2 TL Meersalz

2 TL italienische Gewürzmischung

¼ TL rote Chiliflocken

1 Dose (800 g) ganze geröstete Tomaten

720 ml Gemüsebrühe

240 ml Kokosmilch aus der Dose, plus etwas mehr zum Beträufeln

2 EL brauner Zucker

Gehacktes frisches Basilikum zum Garnieren

RUSTIKALE CROÛTONS

2 EL Olivenöl

2 große Handvoll Brotwürfel (2,5 cm groß)

Meersalz

Frisch gemahlener schwarzer Pfeffer

Für die Suppe: Das Öl in einem großen Topf auf mittlerer Flamme erhitzen und die Zwiebel weich braten. Knoblauch, Salz, italienische Gewürzmischung und rote Chiliflocken zugeben und 1 weitere Minute braten, bis es duftet. Die Tomaten zugeben, mit Gemüsebrühe ablöschen und zum Kochen bringen. Vom Herd nehmen und portionsweise im Mixer glatt pürieren. Zurück in den Topf gießen, die Kokosmilch und den braunen Zucker einrühren, erneut erhitzen und noch einmal abschmecken.

Für die Croûtons: Das Öl in einer großen Pfanne erhitzen und die Brotwürfel ungefähr 10 Minuten leicht knusprig braten. Noch während des Bratens mit Salz und Pfeffer würzen.

Zum Servieren: Auf Schüsseln aufteilen, mit etwas Kokosmilch beträufeln und mit Basilikum und Croûtons garnieren.

TORNARE CON L'EX E' COME MANGIARE UNA MINESTRA FREDDA.

(WIEDER MIT DEM EX ANZUBÄNDELN, IST WIE KALTE SUPPE ZU ESSEN.)

KÜRBISSUPPE MIT KNUSPRIGEN ROSENKOHLBLÄTTCHEN

ZUPPA DI ZUCCA CON CROCCANTI FOGLIE DI CAVOLETTI DI BRUXELLES

4 PERSONEN

Für diese Suppe verwende ich Kürbis aus der Dose, sie kann also das ganze Jahr über zubereitet werden! Wenn Sie Rosenkohlblättchen übrig haben, können sie auf dem Tisch in einer Schale zum Knabbern serviert werden. Und wenn Sie diese Suppe für Kinder kochen, dann lassen Sie den Cayennepfeffer weg oder schrauben ihn zumindest etwas zurück.

***TIPP ZUR ZUBEREITUNG IM VORAUS:** Die Suppe kann bis zu 1 Monat im Tiefkühler und bis zu 3 Tage im Kühlschrank aufbewahrt werden. Vor dem Servieren erhitzen und mit Rosenkohlblättchen garnieren.*

Für die Suppe: Das Öl in einem großen Topf auf mittlerer Flamme erhitzen. Zwiebel und Apfel 10 bis 15 Minuten weich braten. Knoblauch, Salz und Cayennepfeffer zugeben und 1 Minute mitbraten, bis es duftet. Mit der Brühe ablöschen, Kürbispüree zugeben und aufkochen lassen. Vom Herd nehmen und portionsweise im Mixer glatt pürieren. Zurück in den Topf gießen, die Kokosmilch und den braunen Zucker einrühren, erneut erhitzen und noch einmal abschmecken.

Für die knusprigen Rosenkohlblättchen: Den Backofen auf 190 °C vorheizen.

Die Rosenkohlblättchen auf einem großen Backblech ausbreiten und in etwas Öl schwenken. Mit Salz und Pfeffer würzen, dann 10 bis 12 Minuten backen, bis sie bräunlich und knusprig sind.

Zum Servieren: Die Suppe auf Schüsseln aufteilen und mit je einem Löffel der knusprig gebackenen Rosenkohlblättchen garnieren.

KÜRBISSUPPE

- 2 EL Olivenöl
- 1 Zwiebel, grob gehackt
- 1 Apfel, ungeschält, entkernt und in Scheiben geschnitten
- 1 Knoblauchzehe, fein gehackt
- 2 TL Meersalz
- ¼ TL Cayennepfeffer
- 720 ml Gemüsebrühe
- 1 Dose (425 g) Kürbispüree
- 180 ml Kokosmilch
- 2 EL brauner Zucker

KNUSPRIGE ROSENKOHLBLÄTTCHEN

- 115 g Rosenkohl, geputzt und die Blätter voneinander getrennt
- 1 bis 2 TL Olivenöl
- Meersalz
- Frisch gemahlener schwarzer Pfeffer

TOMATEN-BROTSUPPE*

PAPPA AL POMODORO

4 BIS 6 PERSONEN

Diese klassische italienische Suppe ist hinreißend lecker. Meine Rezeptetesterin Susan war schockiert, wie viel Geschmack in so simplen Zutaten stecken kann. Die Brotwürfel schwellen an wie dicke Klöße – wie eine Art italienische Matzeknödelsuppe! In Italien werden sie manchmal „Brotgnocchi" genannt. Das Basilikum ist in diesem Rezept Ihr allerbester Freund, lassen Sie es nicht weg.

60 ml Olivenöl, plus etwas mehr zum Beträufeln

1 große Zwiebel, fein gehackt

3 Knoblauchzehen, fein gehackt

¼ TL rote Chiliflocken (optional)

1,2 bis 1,4 kg sehr reife Tomaten, entkernt und grob gehackt

480 ml Gemüsebrühe

2 TL Meersalz

¼ TL frisch gemahlener schwarzer Pfeffer

3 große Handvoll knuspriges Brot vom Vortag, davon nur das weiche Innere, in 2,5 cm große Würfel geschnitten

½ Handvoll frisches Basilikum, große Blättchen in Stücke gezupft, plus etwas mehr zum Garnieren

2 EL brauner Zucker

1 EL Zitronensaft

Das Öl in einem großen Topf auf mittlerer Flamme erhitzen. Die Zwiebel zugeben und bei häufigem Rühren ungefähr 10 Minuten weich braten. Knoblauch und Chiliflocken (falls verwendet) zugeben und 1 Minute mitbraten, bis es duftet. Dann die Tomaten zugeben. Weiterhin häufig umrühren und ungefähr 5 Minuten köcheln lassen, bis die Tomaten zu zerfallen und ihre Flüssigkeit abzugeben beginnen.

Die Gemüsebrühe, Salz und Pfeffer einrühren. Zum Kochen bringen, dann das Brot zugeben und unterrühren. Die Hitze reduzieren, einen Deckel aufsetzen und ungefähr 15 Minuten köcheln lassen, bis die Suppe schön dick ist. Basilikum, braunen Zucker und Zitronensaft einrühren. Den Herd ausschalten und abschmecken. Auf Suppenschüsseln verteilen, dann jede Portion mit Olivenöl beträufeln und mit Basilikum garnieren.

Pastene

PIZZA, FOCACCIA UND PANINI

(PIZZA, FOCÀCCIA, E PANINI)

In diesem Kapitel dreht sich alles um Teig und Brot. Von der traditionellen Focaccia oder Pizza bis hin zu verspielteren italienisch angehauchten Miniburgern und Grissini – diese Rezepte werden mit den Fingern und vielen Servietten gegessen!

HEIRLOOM-TOMATEN-TOAST*

TOAST CON POMODORI CUORE DI BUE

3 PERSONEN

Hier sind ein paar Tipps, wie Sie aus diesem scheinbar gewöhnlichen Rezept eine kulinarische Kreation machen, die nicht von dieser Welt ist. Wählen Sie saftige, reife Tomaten. Lassen Sie das Brot an den Rändern schön dunkel werden; so bringt es extra Biss und einen rauchigen Geschmack mit. Geizen Sie nicht mit Olivenöl, Salz und Pfeffer. Je mehr Würze Sie verwenden, desto intensiver der Geschmack. Und das war's – guten Appetit!

6 Scheiben Mehrkornbrot

Olivenöl

3 Heirloom-Tomaten, dünn geschnitten

Meersalz

Frisch gemahlener schwarzer Pfeffer

Den Backofengrill auf hoher Stufe vorheizen.

Die Brotscheiben auf ein Backblech legen und mit Olivenöl bestreichen. 1 bis 2 Minuten im Ofen grillen, bis sie bräunlich sind; dabei gut im Auge behalten.

Das Toastbrot mit den Tomatenscheiben belegen und mit Öl beträufeln. Mit Salz und Pfeffer würzen. Sofort servieren.

CHLOES TIPP: ZUTATENAUSWAHL

Wenn ein Rezept nur wenige Zutaten hat, sollte jede von ihnen mit Sorgfalt ausgewählt werden. Die Tomaten sollten nicht nur in voller Reife sein, sondern auch das Brot sollte von hochwertiger Qualität sein. Bei einem regionalen Bäcker sollten Sie ein veganes Mehrkornbrot oder sogar italienische Brötchen bekommen, mit denen dieses Rezept zum Hit wird.

KNOBLAUCH-GRISSINI

GRISSINI ALL'AGLIO

UNGEFÄHR 16 GRISSINI

TEIG

60 ml warmes Wasser (ungefähr 43 °C)

1 Packung aktive Trockenhefe (2 ¼ TL)

2 EL Zucker

240 ml Soja-, Mandel- oder Reismilch

3 EL vegane Margarine

1 TL Meersalz

480 g Mehl

Grobes Salz zum Bestreuen

WÜRZE

3 EL vegane Margarine

½ TL Knoblauchpulver

½ TL getrockneter Oregano

Meersalz

Für die Grissini: 2 große Backbleche mit Backpapier auslegen.

Wasser, Hefe und 1 EL Zucker in einen kleinen Messbecher geben. Kurz umrühren, dann ungefähr 10 Minuten beiseitestellen. Die Hefe schäumt auf und verdoppelt ihr Volumen. Währenddessen die vegane Milch, Margarine, Salz und den übrigen 1 EL Zucker in einem mittelgroßen Topf auf mittlerer Flamme warm werden lassen.

Den Mixer mit dem Rührbesen oder Rührhaken ausstatten, dann die Hefemischung und die Buttermischung in den Mixer geben. 1 Minute aufschlagen. 240 g Mehl zugeben und 1 weitere Minute schlagen. Die übrigen 240 g Mehl zugeben und erneut 1 Minute lang rühren. Den Teig auf eine dünn mit Mehl bestäubte Arbeitsfläche stürzen und 2 bis 3 Minuten weich und geschmeidig kneten. Den Teig in 5 bis 7,5 cm lange Stücke zerteilen. Jedes Stück zwischen den Händen zu 18 cm langen Strängen rollen, dann auf ein Backblech legen. Mit dem restlichen Teig genauso verfahren.

Mit einem trockenen Küchentuch bedecken und an einen warmen Ort in der Küche stellen. Für ungefähr 45 Minuten ruhen lassen, bis der Teig auf das doppelte Volumen aufgegangen ist; siehe Tipp (Seite 194).

Für die Würze: Alle Zutaten in einen kleinen Topf geben und auf mittlerer Flamme erhitzen, bis die Margarine geschmolzen und streichfähig ist.

Den Backofen auf 200 °C vorheizen. Wenn die Grissini aufgegangen sind, das Tuch abnehmen und 8 bis 10 Minuten backen. Dann die heißen Grissini mit der zerlassenen Margarine bestreichen, bis sie aufgebraucht ist. Mit grobem Salz bestreuen und noch warm servieren.

FANTASTISCHE FOCACCIA

FOCÀCCIA AL ROSMARINO

UNGEFÄHR 24 (5 CM GROSSE) STÜCKE

Vielleicht schaudern Sie beim Gedanken an hausgemachte Focaccia. Kneten? Aufgehen lassen? Ausrollen? Nein, danke! Aber ganz ehrlich, es ist gar nicht so schlimm! Dies ist die wohl einfachste und idiotensicherste Focaccia-Inkarnation überhaupt. Sie können alles Mögliche, was Sie im Garten haben, unter den Teig mischen: Tomaten, Auberginen, Zucchinis und so weiter. Ich liebe die Kombi aus Zwiebeln, Oliven und Rosmarin. Mit dem „Vorteig" wird der Teig angesetzt und die Hefe aktiviert.

VORTEIG

1 EL aktive Trockenhefe

1 TL Zucker

160 ml warmes Wasser (ungefähr 43 °C)

70 g Mehl

TEIG

1 kleine Kartoffel, geschält, gekocht und zerstampft

120 ml warmes Wasser

3 EL Olivenöl, plus etwas mehr zum Bestreichen

1 EL Meersalz

1 TL Knoblauchpulver

480 g Mehl, plus etwas mehr für die Arbeitsfläche

Gelbes Maismehl zum Bestreuen

Grobes Salz zum Bestreuen

1 rote Zwiebel, sehr dünn geschnitten

150 g Kalamata-Oliven, entsteint

3 EL frischer Rosmarin, gehackt

Für den Vorteig: Hefe, Zucker, Wasser und Mehl in einer großen Schüssel vermischen (siehe Tipp Seite 194). Mit einem trockenen Küchentuch bedecken und an einen warmen Ort in der Küche stellen. 30 Minuten aufgehen und aufschäumen lassen.

Für den Teig: Kartoffel, Wasser, Öl, Salz, Knoblauchpulver und Mehl zum Vorteig geben. Mit einem großen Löffel vermischen. Bei Bedarf esslöffelweise etwas mehr Wasser zugeben, bis der Teig gut verbunden ist. Den Teig auf eine dünn mit Mehl bestäubte Arbeitsfläche geben und mit den Händen ungefähr 10 Minuten kneten.

Anschließend in eine große, gut gefettete Schüssel geben. Mit einem trockenen Küchentuch bedecken und an einen warmen Ort in der Küche stellen. Ungefähr 1 ½ Stunden ruhen lassen, bis sich das Volumen des Teigs verdoppelt hat.

Ein großes Backblech mit Öl bestreichen und mit Maismehl bestreuen. Nach dem Aufgehen den Hefeteig abschlagen, dann auf dem Backblech auseinanderziehen, bis er eine lange, ovale Form hat und ungefähr 1 cm dick ist. Mit einem trockenen Küchentuch bedecken und 15 Minuten ruhen lassen.

Den Backofen auf 240 °C vorheizen.

Mit den Fingern kleine Grübchen in den Teig drücken und die Oberfläche mit Öl bestreichen. Mit dem groben Salz und den Zwiebeln, Oliven und Rosmarin bestreuen. Für 20 Minuten backen, bis die Focaccia bräunlich ist. In Stücke schneiden und noch warm servieren.

PIZZA MARGHERITA

PIZZA MARGHERITA

4 PERSONEN

Diese klassische Pizza ist einfach und köstlich! Peppen Sie sie mit gebratenen Pilzen, Zwiebeln, Oliven, Spinat oder anderen leckeren Pizzabelägen auf.

ANMERKUNG: *Wenn Sie möchten, verwenden Sie meinen glutenfreien Pizzaboden (Seite 235).*

Olivenöl zum Bestreichen und Beträufeln

1 EL Maismehl

Mehl für die Arbeitsfläche

450 g Pizzateig

Knoblauchpulver zum Würzen

Meersalz

180 ml Tomatensauce

1 Tomate, dünn geschnitten

Frisch gemahlener schwarzer Pfeffer

60 ml Mozzarellasauce (Seite 237)

Frische Basilikumblättchen zum Garnieren

Rote Chiliflocken (optional)

Den Backofen auf 230 °C vorheizen. Ein großes Backblech (ungefähr 23 × 33 cm) mit Öl bestreichen.

Das Backblech mit Maismehl bestreuen. Den Teig auf einer dünn mit Mehl bestäubten Arbeitsfläche zu einem großen Rechteck ausrollen oder auseinanderziehen. Auf das Backblech legen und mit Öl bestreichen. Mit Knoblauchpulver und Salz würzen. Die Tomatensauce auf dem Pizzaboden verstreichen. Dabei einen 2 cm breiten Rand lassen. Mit Tomatenscheiben belegen und mit Öl beträufeln. Erneut salzen und pfeffern, dann 15 bis 20 Minuten backen, bis der Rand goldbraun ist. Aus dem Backofen nehmen, mit Mozzarellasauce beträufeln und mit Basilikum belegen, dann für 1 weitere Minute backen. Erneut aus dem Ofen nehmen und vor dem Anschneiden kurz abkühlen lassen. Vor dem Servieren mit roten Chiliflocken würzen (falls gewünscht).

KNOBLAUCH-ARTISCHOCKEN-PIZZA

PIZZA CON CARCIOFI ED AGLIO

4 PERSONEN

Den Backofen auf 230 °C vorheizen. Ein großes Backblech (ungefähr 23 x 33 cm) mit Öl bestreichen.

Das Backblech mit Maismehl bestreuen. Den Teig auf einer dünn mit Mehl bestäubten Arbeitsfläche zu einem großen Rechteck ausrollen oder auseinanderziehen. Auf das Backblech legen und mit Olivenöl bestreichen. Die Tomatensauce auf dem Pizzaboden verstreichen. Dabei einen 2 cm breiten Rand lassen. Mit Tomatenscheiben, Artischocken, Knoblauch und Kapern belegen. Erneut salzen und pfeffern, dann 15 bis 20 Minuten backen, bis der Rand goldbraun ist. Aus dem Backofen nehmen, mit Mozzarellasauce beträufeln und 1 weitere Minute backen. Erneut aus dem Ofen nehmen und vor dem Anschneiden kurz abkühlen lassen. Wenn Sie möchten, vor dem Servieren mit Chiliflocken würzen.

Olivenöl zum Bestreichen und Beträufeln

1 EL Maismehl

450 g Pizzateig

180 ml Tomatensauce

1 Roma-Tomate, dünn geschnitten

190 g Artischockenherzen, abgetropft und dünn geschnitten

2 Knoblauchzehen, dünn geschnitten

1 bis 2 EL Kapern, abgetropft

Meersalz

Frisch gemahlener schwarzer Pfeffer

60 ml Mozzarellasauce (Seite 237)

Rote Chiliflocken (optional)

PIZZA MIT BUTTERNUSSKÜRBIS, KARAMELLISIERTEN ZWIEBELN UND ÄPFELN★

PIZZA CON ZUCCA, MELE E CIPOLLE CARAMELLATE

4 PERSONEN

Süßer, gerösteter Butternusskürbis, karamellisierte Zwiebeln und herbe, saftige Apfelscheibchen auf einem würzigen Püree aus Knoblauch und weißen Bohnen. Wer hier immer noch auf dem Käse besteht, ist von allen guten Geistern verlassen.

GERÖSTETER KÜRBIS

270 g geschälter Butternusskürbis, in 1,5 cm große Würfel geschnitten

2 EL Olivenöl

Meersalz

Frisch gemahlener schwarzer Pfeffer

BELAG

2 EL Olivenöl

1 Zwiebel, dünn geschnitten

Meersalz

Frisch gemahlener schwarzer Pfeffer

1 Apfel geschält und dünn geschnitten

140 g junger Spinat

KNOBLAUCH-BOHNEN-PÜREE

1 Dose (400 g) Cannellinibohnen oder andere weiße Bohnen, gewaschen und abgetropft

60 ml Olivenöl, plus etwas mehr zum Bestreichen und Beträufeln

1 EL Zitronensaft

2 Knoblauchzehen

½ TL getrockneter Thymian

1 TL Meersalz

½ TL frisch gemahlener schwarzer Pfeffer

1 bis 2 EL Wasser

1 EL Maismehl

450 g Pizzateig

Für den gerösteten Kürbis: Den Backofen auf 200 °C vorheizen. Die Kürbiswürfel auf einem großen Backblech ausbreiten und in etwas Öl schwenken. Mit Salz und Pfeffer würzen und 30 bis 35 Minuten rösten, bis der Kürbis so weich ist, dass Sie mühelos eine Gabel hineinstechen können. Aus dem Backofen nehmen und beiseitestellen.

Für den Belag: 2 EL Öl in einer großen Pfanne auf mittlerer Flamme erhitzen und die Zwiebel für ungefähr 20 Minuten dünsten, bis sie weich und leicht karamellisiert ist. Die Hitze nach Bedarf anpassen. Mit Salz und Pfeffer würzen. Die Apfelscheiben zugeben und 5 bis 7 Minuten mitbraten, bis sie weich sind. Bei Bedarf mehr Öl zugeben. Den Spinat zugeben und garen, bis er zerfällt.

Für das Knoblauch-Bohnen-Püree: Bohnen, Öl, Zitronensaft, Knoblauch, Thymian, Salz und Pfeffer in eine Küchenmaschine geben und vollkommen glatt pürieren. Nach Bedarf etwas Wasser zugeben.

Den Backofen auf 230 °C vorheizen. Ein großes Backblech (ungefähr 23 × 33 cm) mit Öl bestreichen.

Das Backblech mit Maismehl bestreuen. Den Teig auf einer dünn mit Mehl bestäubten Arbeitsfläche zu einem großen Rechteck ausrollen oder auseinanderziehen. Auf das Backblech legen und mit Öl bestreichen.

Das Püree dünn und gleichmäßig auf dem Teig verstreichen, dann mit dem Kürbis und den restlichen Zutaten belegen. Noch einmal salzen und pfeffern und mit etwas Öl beträufeln.

15 bis 20 Minuten backen, bis der Rand goldbraun ist. Nach der Hälfte der Zeit das Blech einmal im Ofen umdrehen. Vor dem Anschneiden kurz abkühlen lassen.

FRANZÖSISCHE PIZZABRÖTCHEN★

PIZZA CON IMPASTO ALLA FRANCESE

4 PERSONEN

Für knusprige Pizza brauchen Sie nicht unbedingt einen Backsteinofen. Französisches Brot ist perfekt für eine einfache Pizza nach einem langen Arbeitstag. Ich liebe es, wie knusprig die Kruste wird. Sie können anstelle der Tomatensauce auch mein klassisches Pesto (Seite 233) und für den Belag beliebige Zutaten verwenden, die Sie gerade zur Hand haben.

KARAMELLISIERTE ZWIEBELN

2 EL Olivenöl

1 Zwiebel, dünn geschnitten

Meersalz

Frisch gemahlener schwarzer Pfeffer

1 EL Olivenöl, plus etwas mehr zum Bestreichen

225 g Pilze, geputzt und dünn geschnitten

140 g junger Spinat

4 kleine Sandwichbrötchen, halbiert (oder ungefähr acht 10 cm große Stücke aus einem großen Brotlaib)

240 ml Tomatensauce

200 g Kalamata-Oliven, entsteint und gehackt

Rote Chiliflocken (optional, für den Belag)

Salz

Pfeffer

Für die karamellisierten Zwiebeln: 2 EL Öl in einer großen Pfanne auf mittlerer Flamme erhitzen und die Zwiebel 20 bis 30 Minuten dünsten, bis sie weich und karamellisiert ist. Die Hitze nach Bedarf anpassen. Mit Salz und Pfeffer würzen. In eine Schüssel geben, beiseitestellen und die Pfanne für den nächsten Schritt bereitstellen.

Zum Belegen der Pizza: 1 EL Olivenöl in derselben Pfanne auf mittlerer Flamme erhitzen. Pilze zugeben und braten, bis sie weich sind und der Großteil der Pilzflüssigkeit verkocht ist. Mit Salz und Pfeffer würzen. Den Spinat zugeben und garen, bis er zerfällt.

Den Backofen auf 230 °C vorheizen. Die Brötchenhälften von allen Seiten mit Öl bestreichen, dann mit der angeschnittenen Seite nach oben auf ein großes Backblech legen.

Mit Tomatensauce bestreichen. Mit karamellisierten Zwiebeln, Pilzen, Spinat und Oliven belegen. Salzen und pfeffern, dann ungefähr 7 Minuten backen, bis der Rand schön braun ist. Wenn Sie möchten, vor dem Servieren mit Chiliflocken würzen.

WURSTSTREUSEL-MOZZARELLA-PIZZA

PIZZA CON SALSICCIA SBRICIOLATA E MOZZARELLA

4 PERSONEN

Heilige Mutter Wurst! Diese Pizza ist das ultimative vegane Paradies. Die hausgemachten Würste sind so saftig, dass Sie, wenn es richtig schnell gehen soll, sogar die Mozzarellasauce weglassen können.

***TIPP ZUR ZUBEREITUNG IM VORAUS:** Die „Wurst" kann bis zu 3 Tage im Voraus zubereitet und im Kühlschrank aufbewahrt werden. Vor dem Servieren die gesamte Pizza belegen und backen.*

WURST

100 g Walnüsse

225 g Pilze, in Scheiben

3 EL Mehl

1 TL getrocknetes Basilikum

1 TL getrocknete Fenchelsamen

Prise rote Chiliflocken

1 TL Meersalz

1 TL gemahlener schwarzer Pfeffer

1 EL Ahornsirup

2 EL Olivenöl, plus etwas mehr zum Bestreichen

1 EL Maismehl

Mehl für die Arbeitsfläche

450 g Pizzateig

240 ml Tomatensauce

Optionaler Belag: **karamellisierte Zwiebeln, frisches Basilikum, Tomatenscheiben**

180 ml Mozzarellasauce (Seite 237)

Rote Chiliflocken (optional)

Für die Wurst: Die Walnüsse in der Küchenmaschine zu einem feinen, krümeligen Mehl verarbeiten. Pilze, Mehl, Basilikum, Fenchelsamen, Chiliflocken, Salz, Pfeffer und Ahornsirup zugeben und ungefähr 25-mal mit der Pulse-Funktion stoßartig pürieren, bis die Pilze fein gehackt sind. Nicht pürieren; die Masse soll krümelig und noch etwas stückig sein.

Das Öl in einer großen, antihaftbeschichteten Pfanne auf mittlerer Flamme erhitzen. Die Pilzmischung in die Pfanne geben und ungefähr 15 Minuten braten. Häufig mit einem Pfannenwender wenden und dabei in mittelgroße Klumpen zerteilen, damit alles gleichmäßig bräunt. Die Temperatur nach Bedarf anpassen und, falls nötig, mehr Öl zugeben. Beiseitestellen.

Den Backofen auf 230 °C vorheizen. Ein großes Backblech (ungefähr 23 × 33 cm) mit Öl bestreichen.

Das Backblech mit Maismehl bestreuen. Den Teig auf einer dünn mit Mehl bestäubten Arbeitsfläche zu einem großen Rechteck ausrollen oder auseinanderziehen. Auf das Backblech legen und mit Öl bestreichen. Die Tomatensauce auf dem Pizzaboden verstreichen. Dabei einen 2 cm breiten Rand lassen. Mit den Würstchenkrümeln und beliebigen weiteren Zutaten belegen. 15 bis 20 Minuten backen, bis der Rand goldbraun ist. Aus dem Backofen nehmen, mit Mozzarellasauce beträufeln, dann 1 weitere Minute backen. Erneut aus dem Ofen nehmen und vor dem Anschneiden kurz abkühlen lassen. Wenn Sie möchten, vor dem Servieren mit Chiliflocken würzen.

WEISSE WILDPILZ-PIZZA*

PIZZA BIANCA CON FUNGHI SELVATICI

4 PERSONEN

Ich veranstaltete eine Probierparty in New York City mit ein paar alten Unifreunden, um diese Pizza zu testen. Allerdings fand gleichzeitig ein wichtiges Football-Spiel statt, und einige Jungs sahen sich das Spiel beim Essen auf ihren Handys an. Niemand schenkte dem Essen viel Beachtung, bis einer von ihnen in diese Pizza biss. Unter den Adjektiven, mit denen diese Pizza beschrieben wurde, waren „phänomenal" und „lebensverändernd". Diese Pizza ist der ultimative Touchdown!

2 EL Olivenöl, plus etwas mehr zum Bestreichen

225 g weiße Champignons, geputzt und in Scheiben

3 große Schalotten, in Scheiben

½ TL Meersalz

¼ TL frisch gemahlener schwarzer Pfeffer

60 ml Weißwein

1 TL frischer Thymian, plus etwas mehr zum Garnieren

1 EL frische italienische Petersilie, gehackt

225 g Wildpilze oder gemischte Pilze, geputzt und in Scheiben

1 EL Maismehl

450 g Pizzateig

2 Knoblauchzehen, fein gehackt

60 ml Mozzarellasauce (Seite 237)

Chili-Olivenöl (gekauft oder nach dem Rezept auf Seite 238), zum Beträufeln

1 EL ÖL in einer mittelgroßen Pfanne auf mittlerer Flamme erhitzen und die Pilze, Schalotten, Salz und Pfeffer braten, bis Pilze und Schalotten weich und bräunlich sind. Mit Weißwein ablöschen, die Hitze etwas reduzieren und köcheln lassen, bis der Großteil der Flüssigkeit verkocht ist. Den Herd ausschalten, dann Thymian und Petersilie untermischen. Noch einmal abschmecken und kurz abkühlen lassen. Die Pilzmischung in die Küchenmaschine geben und die Pfanne für den nächsten Schritt bereitstellen. Ein paar Mal mit der Pulse-Funktion stoßartig pürieren, bis die Pilze fein gehackt sind und die Masse streichfähig ist.

Den übrigen 1 EL Öl in derselben Pfanne auf mittlerer Flamme erhitzen und die Wildpilze sehr weich braten. Salzen und pfeffern, dann beiseitestellen.

Den Backofen auf 230 °C vorheizen. Ein großes Backblech (ungefähr 23 × 33 cm) mit Öl bestreichen.

Das Backblech mit Maismehl bestreuen. Den Teig auf einer dünn mit Mehl bestäubten Arbeitsfläche zu einem großen Rechteck ausrollen oder auseinanderziehen. Auf das Backblech legen und mit Öl bestreichen. Mit Knoblauch bestreuen; dabei einen 2 cm breiten Rand lassen. Den Pilzaufstrich darauf verstreichen, dann die gebratenen Wildpilze darauf anrichten. Erneut salzen und pfeffern, dann 15 bis 20 Minuten backen, bis der Rand goldbraun ist. Aus dem Backofen nehmen, mit Mozzarellasauce beträufeln, dann 1 weitere Minute backen. Erneut aus dem Ofen nehmen und vor dem Anschneiden kurz abkühlen lassen. Mit Chili-Öl beträufeln und mit Thymian garnieren.

GEGRILLTE PESTO-KÜCHLEIN

TORTA SALATA AL PESTO GENOVESE

6 PERSONEN

Haben Sie je gesehen, wie ein Bär nach dem Winterschlaf frisst? Ich auch nicht, aber wahrscheinlich sieht es ungefähr so aus wie damals, als mein Bruder sich den Bauch mit diesen Küchlein vollschlug! Er verlangte nach zwei, drei, vier Nachschlägen, und konnte sich lediglich ein „Nur weiter!" abringen, während er sie fast im Ganzen verschlang. Wer könnte es ihm übelnehmen? Sie sind köstlich.

450 bis 680 g Pizzateig

Olivenöl zum Bestreichen

Klassisches Pesto (Seite 233)

Rockin' Ricotta (Seite 242)

35 g sonnengetrocknete Tomaten, fein gehackt

Einen Grill oder eine Grillpfanne auf mittlerer Stufe erhitzen.

Den Pizzateig in sechs gleich große Stücke teilen. Die Teigstücke auf einer dünn mit Mehl bestäubten Arbeitsfläche zu 15 cm großen Scheiben ausrollen. Sie sollen ungefähr so dünn sein wie eine Tortilla. Den Teig von beiden Seiten mit Öl bestreichen, dann von einer Seite 3 bis 5 Minuten grillen, bis sie bräunlich ist. Bei Bedarf die Temperatur anpassen. Mit einer Küchenzange wenden und die bereits gebräunte Seite sofort mit Pesto bestreichen. Den Ricotta und die sonnengetrockneten Tomaten darauf verteilen. Weitere 3 bis 5 Minuten grillen, dann vom Grill nehmen. Mit den übrigen Teigstücken genauso verfahren.

PIZZA-HUNDEKNOCHEN

UNGEFÄHR 50 KNOCHEN FÜR IHREN VIERBEINIGEN FREUND

260 g Vollkornweizenmehl

1 EL Olivenöl

180 ml Wasser

1 ½ TL Backpulver

35 g fein gehackter Spinat

70 g fein gehackte Möhren

Den Backofen auf 170 °C vorheizen.

Alle Zutaten in einer großen Schüssel mit einem großen Löffel oder Ihren Händen vermengen. Den Teig zu 7,5 cm großen Keksen oder Knochen formen und auf einem großen Backblech 30 Minuten backen. Vollständig abkühlen lassen. Je nach Größe Ihres Hundes in kleinere Stücke schneiden.

FLEISCHBÄLLCHEN-MINIBURGER*

PANINETTI CON POLPETTE

UNGEFÄHR 20 FLEISCHBÄLLCHEN

Diese Miniburger habe ich einmal für eine Horde meiner (alles andere als veganen) männlichen Freunde gemacht, die sie förmlich verschlangen. Sie waren völlig schockiert, als sie erfuhren, dass sie vegetarisch waren – ja sogar vegan! Vertrauen Sie mir – dieses Rezept wird in Nullkommanichts zu Ihrem Standardrepertoire für Dinnerpartys gehören.

TIPP ZUR ZUBEREITUNG IM VORAUS: Der Fleischbällchenteig kann im Voraus zubereitet, zu Bällchen geformt und bis zum Braten im Kühlschrank oder Tiefkühler aufbewahrt werden. Das Pesto kann im Voraus zubereitet und für bis zu 5 Tage im Kühlschrank gelagert werden.

FLEISCHBÄLLCHEN

- 2 EL Olivenöl, plus etwas mehr zum Bestreichen
- 1 Zwiebel, fein gehackt
- 225 g Pilze, in Scheiben
- 2 Knoblauchzehen, fein gehackt
- 170 g gekochter brauner Reis, abgekühlt
- 30 g italienische Semmelbrösel
- 4 EL Mehl
- 1 TL getrocknetes Basilikum
- 1 ½ TL Meersalz
- 1 TL frisch gemahlener schwarzer Pfeffer
- ¼ TL rote Chiliflocken (optional)
- Rapsöl zum Braten

BURGER- ODER DINNERBRÖTCHEN

- 240 ml Tomatensauce, erhitzt
- Klassisches Pesto (Seite 233)
- Frisches Basilikum für den Belag

Für die Fleischbällchen: Das Olivenöl in einer großen, antihaftbeschichteten Pfanne auf mittlerer Flamme erhitzen und die Zwiebeln und Pilze weich und bräunlich braten. Knoblauch zugeben und einige Minuten mitbraten. In die Küchenmaschine geben. Die Pfanne zur späteren Verwendung beiseitestellen.

Den abgekühlten braunen Reis, Semmelbrösel, Mehl, Basilikum, Salz, Pfeffer und Chiliflocken (falls verwendet) in die Küchenmaschine geben. Stoßartig mixen, bis die Zutaten gut verbunden sind. Falls nötig, den Teig in eine große Schüssel füllen und mit den Händen vermengen. Noch einmal abschmecken und kurz abkühlen lassen. Aus dem Teig 5 bis 10 cm große Bällchen formen, die in Ihre Brötchen passen.

Das Rapsöl in derselben Pfanne auf mittlerer Flamme erhitzen und die Fleischbällchen portionsweise braten. Nach Bedarf mehr Öl zugeben.

Die Burgerbrötchen halbieren und innen mit Olivenöl bestreichen. In einer Bratpfanne bei mittlerer Hitze braten, bis die Ränder bräunlich sind. Je einen Löffel Tomatensauce, ein Fleischbällchen, einen Löffel Pesto und ein Basilikumblättchen auf jedem Brötchen aufschichten. Dann einen Zahnstocher hineinstechen, um die Miniburger zusammenzuhalten. Sofort servieren.

Sliders
99¢

PILZ-PESTO-MINIBURGER★

PANINETTI CON PESTO DI FUNGHI

UNGEFÄHR 16 MINIBURGER

Diese Miniburger sind supereinfach in der Zubereitung und schmecken, meinen Mitbewohnern zufolge, „genau wie Fleisch"! Ich mache sie gern zu Geschäftsessen, weil sie so voller Geschmack sind und niemand ihnen widerstehen kann. Eine kleine Portion meines schnellen Basilikumpestos ist die perfekte Sauce und beschleunigt die ganze Prozedur etwas.

TIPP ZUR ZUBEREITUNG IM VORAUS: Die Bratlinge können im Voraus geformt und bis zum Braten im Kühlschrank oder Tiefkühler gelagert werden. Die karamellisierten Zwiebeln können ebenfalls einen Tag im Voraus zubereitet und im Kühlschrank aufbewahrt werden.

KARAMELLISIERTE ZWIEBELN

2 EL Olivenöl

1 große rote Zwiebel, dünn geschnitten

Meersalz

Frisch gemahlener schwarzer Pfeffer

MINIBURGER

1 EL Olivenöl, plus etwas mehr zum Braten

225 g Pilze, in Scheiben

1 Dose (400 g) Linsen, gewaschen und abgetropft

75 g Mehl, plus etwas mehr nach Bedarf

1 TL getrocknetes Basilikum

1 TL Meersalz

1 TL frisch gemahlener schwarzer Pfeffer

Schnelles Basilikumpesto (Seite 232)

Minibrötchen oder Dinnerbrötchen, halbiert und getoastet

1 kleine Tomate, dünn geschnitten

Für die karamellisierten Zwiebeln: Das Öl in einer großen Pfanne erhitzen und die Zwiebel auf mittlerer Flamme 20 bis 30 Minuten zart dünsten und karamellisieren lassen. Salzen und pfeffern, dann beiseitestellen.

Für die Miniburger: Das Öl auf mittlerer Flamme in einer großen, antihaftbeschichteten Pfanne erhitzen und die Pilze braten, bis sie gerade weich werden. Vom Herd nehmen und für ein paar Minuten abkühlen lassen. Die Pilze in die Küchenmaschine geben und die Pfanne für später beiseitestellen.

Linsen, Mehl, Basilikum, Salz und Pfeffer zu den Pilzen in die Küchenmaschine geben. Stoßartig mixen, bis die Zutaten gut verbunden sind. In den Kühlschrank stellen, bis die Masse durch und durch kalt ist. Wenn sie zu klebrig ist, können Sie etwas mehr Mehl untermischen. Mit den Handflächen ungefähr 1 cm dicke Minibratlinge mit einem Durchmesser von 5 cm formen.

Die beiseitegestellte Pfanne bei mittlerer Hitze heiß werden lassen, dann die Bratlinge portionsweise braten. Nach Bedarf mehr Öl zugeben. Von beiden Seiten je 3 bis 5 Minuten schön braun braten.

Dann die Burger zusammensetzen: Bratlinge, Basilikumpesto, karamellisierte Zwiebeln und Tomaten auf den Brötchen aufschichten.

BAUERNMARKT-PANINI

PANINO CON LE VERDURE LOCALI

4 PERSONEN

Herbe, gegrillte Balsamico-Auberginen, süß saftige Tomaten, cremige Avocado und ein würziger Knoblauch-Bohnen-Aufstrich auf einem heißen, knusprigen Panino. Die Aubergine und das Bohnenpüree können im Voraus zubereitet werden, was Ihnen das Belegen der Panini etwas erleichtert.

GEGRILLTE BALSAMICO-AUBERGINE

1 kleine Aubergine, längs in sehr dünne Scheiben geschnitten

Meersalz

Olivenöl zum Bestreichen

Balsamicoessig zum Beträufeln

WEISSE-BOHNEN-AUFSTRICH

1 Dose (400 g) weiße Bohnen, gewaschen und abgetropft

60 ml Olivenöl

1 EL Wasser

1 EL Zitronensaft

1 Knoblauchzehe

¾ TL Meersalz

½ TL frisch gemahlener schwarzer Pfeffer

8 Scheiben Brot

1 Heirloom- oder eine gewöhnliche Tomate, in Scheiben

½ rote Zwiebel, in Scheiben

½ Bund frisches Basilikum

1 Avocado, in Scheiben

Meersalz

Frisch gemahlener schwarzer Pfeffer

Für die gegrillte Balsamico-Aubergine: Die Auberginenstreifen auf ein Tablett legen und von einer Seite großzügig salzen. Dadurch „schwitzt" die Aubergine den bitteren Geschmack aus. Nach ungefähr 20 Minuten das Salz und die freigesetzte Flüssigkeit mit einem Papiertuch abwischen oder in einem Durchschlag unter Wasser abspülen, dann trocken tupfen.

Einen Grill oder eine Grillpfanne auf mittlerer Flamme erhitzen.

Die Auberginenstreifen von beiden Seiten mit Öl bestreichen. Von beiden Seiten grillen, bis die Auberginen zart sind und schön markante Grillstreifen haben. Zum Wenden nehme ich eine Küchenzange, da sie mir die beste Kontrolle bietet. Vom Herd nehmen und mit dem Essig beträufeln.

Für den Weiße-Bohnen-Aufstrich: Bohnen, Öl, Wasser, Zitronensaft, Knoblauch, Salz und Pfeffer in einer Küchenmaschine glatt pürieren. Mit Salz abschmecken. Beiseitestellen.

Paninis zusammensetzen: Einen Kontaktgrill auf hoher Stufe vorheizen. Wenn Sie keinen haben, erhitzen Sie etwas Öl in einer Pfanne oder Grillpfanne.

Die Brotscheiben von beiden Seiten mit Öl bestreichen. Dann die Innenseite mit Essig beträufeln und mit Salz und Pfeffer würzen. Pro Panino etwas Bohnenaufstrich auf zwei Scheiben Brot verstreichen. Je 2 Auberginenstreifen, Tomate, Zwiebel, Basilikum und Avocado darauf aufschichten, dann salzen und pfeffern. Anschließend von oben und unten von mit Öl bestreichen. Auf den Kontaktgrill legen und die obere Grillplatte herunterdrücken, bis hübschen Grillstreifen entstehen. Die Panini diagonal halbieren und sofort servieren.

KICHERERBSEN-FARINATA

FARINATA DI CECI

8 PERSONEN

Sie kennen den zurzeit so berühmten Kichererbsenpfannkuchen vielleicht unter einem seiner vielen Namen: farinata, torta di ceci, socca, karantita, *um nur einige zu nennen. In vielen Kulturen gibt es Varianten dieser glutenfreien, brotähnlichen Torte aus Kichererbsenmehl, die mit allen Dingen gefüllt werden kann, nach denen sich Ihr Herz sehnt. Dies ist ein Grundrezept. Toben Sie sich ruhig mit zusätzlichen Zutaten aus: frischen Kräutern, dünn geschnittenen Zwiebeln, gehackten Tomaten, gedünsteten Pilzen und so weiter.*

ANMERKUNG: *Der Teig muss vor dem Backen mindestens 2 Stunden ruhen.*

480 ml warmes Wasser

200 g Kichererbsenmehl (oder eine Mischung aus Kichererbsen- und Bohnenmehl)

3 EL Olivenöl, plus etwas mehr für die Pfanne

1 TL Meersalz

1 TL gehackter frischer Rosmarin

Frisch gemahlener schwarzer Pfeffer

Wasser und Mehl in einer mittelgroßen Schüssel glatt rühren. Die Schüssel mit Frischhaltefolie abdecken und mindestens 2 Stunden ruhen lassen.

Nach 2 Stunden den Backofen auf 260 °C vorheizen. Eine 23 oder 25 cm große gusseiserne Pfanne in den heißen Ofen stellen und 10 Minuten heiß werden lassen.

Währenddessen den Schaum von der Mehlmischung abschöpfen. 3 EL Öl, Salz und Rosmarin einrühren. Die heiße Eisenpfanne vorsichtig aus dem Backofen nehmen. Etwas Öl hineingeben und schwenken, um die Pfanne zu fetten. Den Teig vorsichtig in die Pfanne gießen und 22 bis 25 Minuten backen, bis der Kuchen bräunlich und knusprig ist. Mit einem Messer am Rand entlangfahren und auf ein Schneidebrett stürzen. Wenn Sie möchten, mit Salz und Pfeffer würzen. Wie eine Pizza anschneiden und warm servieren.

ROTWEIN-SEITAN AUF CIABATTA*

SEITAN AL VINO ROSSO SU PANE CIABATTA

4 PERSONEN

Okay, okay. Ich sage bei jedem Rezept, dass es das beste Rezept auf der Welt ist, aber dieses Rezept ist wirklich das beste! Gegrillter Seitan in einer klebrigen Rotwein-Barbecue-Sauce auf getoastetem Ciabatta mit karamellisierten Zwiebeln – eine Handvoll Himmel!

TIPP ZUR ZUBEREITUNG IM VORAUS: Der Barbecue-Seitan und die karamellisierten Zwiebeln können einen Tag im Voraus zubereitet und getrennt im Kühlschrank aufbewahrt werden.

KARAMELLISIERTE ZWIEBELN

2 EL Olivenöl

1 große Zwiebel, dünn geschnitten

Meersalz

2 Teelöffel Ahornsirup

BARBECUE-SEITAN

240 ml Ketchup

60 ml trockener Rotwein

1 EL Balsamicoessig, plus etwas zum Beträufeln

1 EL brauner Zucker

1 TL Dijonsenf

1 TL Zwiebelpulver

½ TL frisch gemahlener schwarzer Pfeffer

2 EL Olivenöl, plus etwas mehr zum Bestreichen

1 große Schalotte, dünn geschnitten

225 g Seitan, in dünne Streifen geschnitten

3 Frühlingszwiebeln, Wurzeln entfernt, dünn geschnitten

4 Ciabatta-Brötchen

45 g Rucola

1 kleine Tomate, dünn geschnitten

Für die karamellisierten Zwiebeln: Das Öl in einer großen Pfanne auf mittlerer Flamme erhitzen und die Zwiebel zugeben. Salzen und unter häufigem Rühren ungefähr 20 Minuten weich dünsten. Ahornsirup zugeben und 1 weitere Minute braten. Vom Herd nehmen und beiseitestellen.

Für den Barbecue-Seitan: Ketchup, Wein, Essig, braunen Zucker, Senf, Zwiebelpulver und Pfeffer in einer kleinen Schüssel zu einer Sauce verrühren. Beiseitestellen.

Das Öl in einer großen Pfanne auf mittlerer Flamme erhitzen. Schalotte und Seitan bräunlich braten.

Die Sauce und Frühlingszwiebeln mit in die Pfanne geben. Die Hitze reduzieren und ungefähr 5 Minuten köcheln lassen, bis die Sauce andickt.

Die Brötchen halbieren, das Innere mit Öl bestreichen und mit Essig beträufeln. In einer Bratpfanne bei mittlerer Hitze braten, bis die Ränder bräunlich sind. Je eine kleine Handvoll Rucola, Seitan, Tomate und karamellisierte Zwiebeln auf den Brötchen aufschichten und servieren.

PIZZABURGER MIT AVOCADO-PESTO

HAMBURGER DI PIZZA CON PESTO DI AVOCADO

6 PERSONEN

Kalifornien und Italien, vereint in würzigen Pizzaburgern mit einem cremigen Avocado-Pesto.

TIPP ZUR ZUBEREITUNG IM VORAUS: Die Bratlinge können im Voraus geformt und ungebraten bis zur Verwendung im Kühlschrank oder Tiefkühler aufbewahrt werden.

AVOCADO-PESTO

1 Avocado

1 Knoblauchzehe

½ Bund frisches Basilikum

1 EL Zitronensaft

½ TL Meersalz

¼ TL frisch gemahlener schwarzer Pfeffer

60 ml Wasser

BRATLINGE

1 Dose (400 g) weiße Bohnen, gewaschen und abgetropft

1 Knoblauchzehe

50 g sonnengetrocknete Tomaten, gehackt

½ Bund frisches Basilikum, plus etwas mehr zum Anrichten

4 EL Semmelbrösel

4 EL Mehl

1 TL Meersalz

¼ TL frisch gemahlener schwarzer Pfeffer

2 EL Olivenöl

Burgerbrötchen, leicht getoastet

Optionaler Belag: rote Zwiebeln, Tomatenscheiben, frisches Basilikum, Ketchup

Für das Avocado-Pesto: Alle Zutaten in die Küchenmaschine geben und glatt pürieren.

Für die Bratlinge: Bohnen, Knoblauch, sonnengetrocknete Tomaten, Basilikum, Semmelbrösel, Mehl, Salz und Pfeffer in die Küchenmaschine geben und stoßartig pürieren, bis die Zutaten gerade vermengt sind. Dabei häufig die Masse von den Seiten nach unten in die Schüssel abstreichen. Mit den Handflächen 6 oder 7 (ungefähr 7,5 cm große) Bratlinge formen.

Das Öl auf mittlerer Flamme in einer großen, antihaftbeschichteten Pfanne erhitzen und die Bratlinge von beiden Seiten je 3 bis 5 Minuten braten. Wenn die Bratlinge schön braun sind, aus der Pfanne nehmen und auf Papiertüchern abtropfen lassen.

Zum Servieren: Pro Burger einen Bratling, einen Klecks Avocado-Pesto und die gewünschten anderen Beläge auf dem Brötchen aufschichten. Sofort servieren.

PANINI MIT AVOCADO UND SONNENGETROCKNETEN TOMATEN*

PANINO CON POMODORO SECCO DE AVOCADO

4 PERSONEN

Hmm, Avocados und süße sonnengetrocknete Tomaten in einem knusprig gegrillten Panino mit den Aromen von Olivenöl und Balsamicoessig. So simpel und doch himmlisch.

4 Ciabatta-Brötchen, halbiert, oder 8 Scheiben Toastbrot

Balsamicoessig zum Beträufeln

Meersalz

Frisch gemahlener schwarzer Pfeffer

½ Handvoll junger Spinat

½ rote Zwiebel, sehr dünn geschnitten

1 Avocado, dünn geschnitten

Olivenöl zum Bestreichen

35 g sonnengetrocknete Tomaten, gehackt

Einen Kontaktgrill auf hoher Stufe vorheizen. Wenn Sie keinen Kontaktgrill oder Sandwichgrill haben, erhitzen Sie etwas Öl in einer Pfanne oder Grillpfanne.

Die Innenseite der Brötchen mit Essig beträufeln und mit Salz und Pfeffer würzen. Spinat, Zwiebeln und Avocadoscheiben darauf aufschichten. Die Avocado salzen und pfeffern. Sonnengetrocknete Tomaten auf die Avocados legen, dann die obere Hälfte des Brötchens auflegen. Anschließend von oben und unten von mit Öl bestreichen. Auf den Kontaktgrill legen und die obere Grillplatte herunterdrücken, bis hübsche Grillstreifen entstehen. Die Panini diagonal halbieren und sofort servieren.

VIVA LA PASTA

Gewöhnliche trockene Nudeln aus dem Supermarkt sind immer vegan (aber es kann nicht schaden, trotzdem einen Blick auf die Zutaten zu werfen). Frische Nudeln, die Sie vielleicht im Restaurant serviert bekommen, enthalten jedoch normalerweise Eier. Wenn ich in nicht veganen Restaurants Pasta bestelle, bitte ich immer um getrocknete Nudeln, um auf der sicheren Seite zu sein. Für ein schnelles Abendessen sind getrocknete Nudeln in all meinen Pasta-Rezepten geeignet. Entscheiden Sie selbst, ob Sie gewöhnliche weiße oder Vollkornnudeln verwenden möchten oder gar glutenfreie Nudeln aus braunem Reis oder aus Quinoa. Ich mag grundsätzlich weiße Nudeln oder Nudeln aus braunem Reis lieber, da sie weich sind, aber dennoch etwas Biss haben. In manchen Rezepten gebe ich jedoch andere Nudeln an. Und wenn Sie Ihre eigenen frischen veganen Nudeln zubereiten möchten, probieren Sie es mit dem Rezept auf Seite 236.

NUTZE DIE NUDEL!

Die unterschiedlichen Nudelsorten sind jeweils für verschiedene Pastasaucen besser geeignet. Wählen Sie die Form, die den restlichen Zutaten in der Sauce am ähnlichsten ist. Wenn Ihre Sauce Zutaten enthält, die in lange Streifen geschnitten wurden – zum Beispiel Paprika oder Pilze – passt sie besser zu länglich geformten Nudeln wie Spaghetti oder Fettuccine. Gewölbte oder kuppelförmige Nudeln wie Conchiglie oder Orecchiette „fangen" kleine Zutaten wie Erbsen oder gewürfeltes Gemüse besser auf. Sehr dünne Nudeln wie Capellini oder Vermicelli passen gut zu dünnen, ölbasierten Saucen, während dickere Nudeln wie Spaghetti oder Bucatini gut bei dicken, stückigen Saucen geeignet sind.

Farfalle (far-FAH-le): Schleifchen oder Schmetterlinge

Penne (PEN-ne): „Stifte" oder glatte Zylinder

Penne Rigate (PEN-ne ri-GA-teh): geriffelte Penne

Conchiglie (kon-KI-li-eh): Muscheln

Gnocchi (NJO-kie): kleine Kartoffelnocken

Fusilli (fu-SSI-lie): Spiralnudeln

Rotelle (ro-TELL-e): Wagenräder

Orecchiette (oh-reck-i-ET-teh): „Öhrchen"

Bucatini (bu-kah-TIE-nie): lange hohle Fäden (von „Buco", was Loch bedeutet)

Spaccatelli (s-pah-kah-TELL-lie): lange, eingeschlitzte Fäden

Manicotti (mah-nie-KOT-tie): „Ärmel"; größer als Penne und gefüllt

Lasagne (la-SAHN-jeh): sehr breite Nudeln, die meistens zum Aufschichten verwendet werden

Radiatori (rah-die-ah-TOR-ie): „Kleine Heizkörper"; kurze, gerüschte Nudeln

Linguine (ling-guie-neh): dünne, flache Nudeln

Fettuccine (feh-tuh-TSCHIE-neh): lange, flache Fäden, die etwas breiter sind als Linguine

Rotini (ro-tien-nie): Korkenziehernudeln mit einer engeren Spirale als Fusilli

Capellini (kah-peh-LIE-nie): Lange, sehr feine Fäden; auch „Engelshaar"-Nudeln

Spaghetti (s-pah-GET-tie): Lange, runde Nudeln

Orzo (OR-soh): bedeutet „Gerste"; reiskornförmig

Ditalini (die-tah-LIE-nie): „Kleine Fingerhütchen"; sehr kurze Röhren, die in Nudeln oder kalten Nudelsalaten verwendet werden

Gemelli (dscheh-MEL-ie): bedeutet „Zwillinge"; zwei verschlungene Nudelfäden

Noch ein letzter Hinweis an die Nudelliebhaber: Schrecken Sie die Nudeln nach dem Kochen nicht mit frischem Wasser ab und mischen Sie sie nicht mit Öl. Die Stärke im Kochwasser hilft den Nudeln dabei, die Sauce aufzunehmen. Öl verhindert, dass die Sauce an den Nudeln haftet.

CAPELLINI POMODORO

CAPELLINI AL POMODORO

4 BIS 6 PERSONEN

Dieses simple Pastagericht kann als Hauptspeise oder Beilage serviert werden. Es schmeckt auch am Folgetag kalt noch lecker. Die zarten Capellini-Nudeln passen perfekt zu der leichten Olivenölsauce und lassen die Tomaten, den Knoblauch und das frische Basilikum richtig ins Rampenlicht treten.

450 g Capellini (oder glutenfreie Nudeln)

2 EL Olivenöl, plus mehr nach Bedarf

450 g Kirschtomaten, halbiert

2 Knoblauchzehen, fein gehackt

2 TL Meersalz

1 Bund frisches Basilikum, in Chiffonade geschnitten, siehe Tipp (Seite 26)

Frisch gemahlener schwarzer Pfeffer

Einen großen Topf mit Salzwasser zum Kochen bringen. Die Capellini zugeben und nach Packungsanweisung kochen. Das Wasser abgießen und die Nudeln zurück in den Topf geben. 1 EL Öl unter die Nudeln mischen und beiseitestellen.

Währenddessen den übrigen 1 EL Öl in einer mittelgroßen Pfanne auf mittlerer Flamme erhitzen. Die Tomaten zugeben und ungefähr 15 Minuten garen, bis sie weich sind. Knoblauch und Salz zugeben und ein paar Minuten weiterköcheln lassen. Vom Herd nehmen.

Die Tomaten und das Basilikum unter die Nudeln mischen und mit Pfeffer abschmecken. Nach Bedarf mit mehr Öl beträufeln.

MAMAS SPAGHETTI MIT FLEISCHBÄLLCHEN

SPAGHETTI CON LE POLPETTINE

4 BIS 6 PERSONEN

Mit einem Glas Tomatensauce können Sie dieses Rezept abkürzen. Für ein noch herzhafteres Esserlebnis lassen Sie während der letzten 5 Minuten Garzeit der Nudeln ein paar gefrorene Brokkoliröschen mitkochen. Den Teig für die Fleischbällchen können Sie im Voraus zubereiten, zu Bällchen formen und für bis zu 5 Tage im Kühlschrank lagern.

FLEISCHBÄLLCHEN

2 EL Olivenöl

1 Zwiebel, fein gehackt

225 g braune Champignons, geputzt und in Scheiben

2 Knoblauchzehen, fein gehackt

170 g gekochter brauner Reis, abgekühlt

30 g italienische Semmelbrösel

4 EL Mehl

1 TL getrocknetes Basilikum

1 ½ TL Meersalz

1 TL frisch gemahlener schwarzer Pfeffer

¼ TL rote Chiliflocken (optional)

Rapsöl zum Braten

PASTA

450 g Spaghetti

1 Glas (800 g) Tomatensauce (oder nach dem Rezept auf Seite 234)

60 ml Soja-, Mandel- oder Reismilch

2 EL brauner Zucker

Meersalz

Frisch gemahlener schwarzer Pfeffer

4 EL frische italienische Petersilie, gehackt, zum Garnieren

Parmesan (Seite 244)

Für die Fleischbällchen: Das Olivenöl in einer großen, antihaftbeschichteten Pfanne auf mittlerer Flamme erhitzen und die Zwiebeln und Pilze weich und bräunlich braten. Knoblauch zugeben und einige Minuten mitbraten. In die Küchenmaschine geben. Die Pfanne zur späteren Verwendung beiseitestellen.

Den abgekühlten braunen Reis, Semmelbrösel, Mehl, Basilikum, Salz, Pfeffer und Chiliflocken (falls verwendet) in die Küchenmaschine geben. Stoßartig mixen, bis die Zutaten gut verbunden sind. Falls nötig, den Teig in eine große Schüssel füllen und mit den Händen vermengen. Noch einmal abschmecken und kurz abkühlen lassen. Aus dem Teig 2,5 bis 5 cm große Bällchen formen.

Das Rapsöl in derselben Pfanne auf mittlerer Flamme erhitzen und die Fleischbällchen portionsweise braten. Nach Bedarf mehr Öl zugeben. Die Fleischbällchen mit einem Holzlöffel wenden, damit sie von allen Seiten gut durchgebraten werden. Sie sollen rundum schön braun sein und ein knuspriges Äußeres haben. Die Fleischbällchen mit einem eingeschlitzten Löffel aus der Pfanne nehmen und auf Papiertüchern abtropfen lassen.

Für die Nudeln: Einen großen Topf mit Salzwasser zum Kochen bringen. Die Spaghetti zugeben und nach Packungsanweisung kochen. Das Wasser abgießen und die Nudeln zurück in den Topf geben.

Für die Sauce: Die Tomatensauce, vegane Milch und braunen Zucker in einen mittelgroßen Topf geben. Auf mittlerer Flamme unter ständigem Rühren erhitzen. Mit Salz und Pfeffer würzen.

Die Sauce zu den Nudeln gießen und untermischen. Die Fleischbällchen darauf anrichten und mit Petersilie und Parmesan garnieren.

KATE MIDDLETONS PASTA ALFREDO*

CAVOLFIORE ALL'ALFREDO ALLA KATE MIDDLETON

4 BIS 6 PERSONEN

Ich habe dieses Gericht nach Kate Middleton benannt, da ich immer darüber grüble, was ich kochen würde, wenn sie zum Mittagessen vorbeikäme. Es wäre mit Sicherheit dieses dekadente Pastagericht, denn es ist perfekt – wie sie! Sie würde mich nach der Geheimzutat fragen und ich würde ihr verraten, dass es der pürierte Blumenkohl ist – gesund, köstlich, glutenfrei und Ihrer Hoheit angemessen. Sie würde sich das Rezept notieren, nach Hause gehen und es für Prinz William kochen!

ANMERKUNG: *Wenn die Sauce beim Ruhen zu viel nachdickt, können Sie sie mit etwas Wasser oder veganer Milch verdünnen. Dann bei mittlerer Flamme erhitzen, glatt rühren und erneut abschmecken.*

340 g Blumenkohlröschen, nicht tiefgefroren

5 Knoblauchzehen, geschält und ganz

1 Zwiebel, in Scheiben geschnitten

60 ml Olivenöl

1 ½ TL Meersalz

450 g Penne oder Fusilli aus braunem Reis

480 ml Mandelmilch

2 EL Zitronensaft

Frisch gemahlener schwarzer Pfeffer

Gehackte frische italienische Petersilie, zum Garnieren

Parmesan (Seite 244)

Den Backofen auf 220 °C vorheizen.

Blumenkohl, Knoblauch und Zwiebel auf einem großen Backblech ausbreiten und mit Öl beträufeln. Mit 1 TL Salz würzen, dann ungefähr 30 Minuten gabelzart rösten; dabei gelegentlich wenden. Bei Bedarf mit mehr Öl beträufeln.

Währenddessen einen großen Topf mit Salzwasser zum Kochen bringen. Die Nudeln zugeben und nach Packungsanweisung kochen. Das Wasser abgießen und die Nudeln zurück in den Topf geben.

Das geröstete Gemüse in einen Mixer geben, dann Mandelmilch, Zitronensaft und den übrigen ½ TL Salz zugeben und sehr glatt pürieren. Beliebig abschmecken, auf die heißen Nudeln gießen und untermischen. Mit Pfeffer würzen und mit Petersilie und Parmesan garnieren. Sofort servieren.

SHELLEYS CONCHIGLIE

CONCHIGLIE ALLA SHELLEY

4 BIS 6 PERSONEN

Das berühmte Rezept meiner Mom Shelley: grüne Paprika mit Muschelnudeln, das beste Pastagericht der Welt. Zugegeben, es klingt ziemlich fad, aber das ist es mitnichten! Nach dem Einkochen sind die Zwiebeln und Paprikas weich und süß und haben eine cremige Konsistenz. Dann mit etwas Meersalz unter die heißen Nudeln mischen … Schon beim Gedanken läuft mir das Wasser im Mund zusammen! Dieses Rezept hat Generationen überdauert und Bewährtes soll man bewahren!

4 EL Olivenöl

3 große grüne Paprikas, fein gehackt

3 große Zwiebeln, fein gehackt

2 TL Meersalz

450 g mittelgroße Muschelnudeln (oder glutenfreie Nudeln)

Frisch gemahlener schwarzer Pfeffer

2 EL Öl in einer großen Pfanne auf mittlerer Flamme erhitzen, dann die Paprikas und Zwiebeln zugeben. Mit 1 TL Salz würzen und 20 Minuten sehr weich und leicht braun braten. Bei Bedarf etwas mehr Öl oder Wasser in die Pfanne geben, damit das Gemüse nicht an der Pfanne haften bleibt.

Währenddessen einen großen Topf mit Salzwasser zum Kochen bringen. Die Nudeln zugeben und nach Packungsanweisung kochen. Das Wasser abgießen und die Nudeln zurück in den Topf geben.

Die übrigen 2 EL Öl, den übrigen 1 TL Salz und die Paprika-Zwiebel-Mischung unter die Nudeln mischen. Mit Pfeffer würzen und erneut mit Salz abschmecken.

CAVATELLI MIT BROKKOLI

CAVATELLI CON BROCCOLI

4 BIS 6 PERSONEN

Meine Rezeptetesterin Ann Marie war ein großer Fan dieses Gerichts, da es sehr gesund und innerhalb von 10 Minuten fertig ist. So simpel und perfekt für eine Familie aus mäkeligen Brokkoli-Essern. Lecker!

- 450 g Cavatelli (oder glutenfreie Nudeln)
- 450 g Brokkoliröschen, frisch oder tiefgekühlt
- 60 ml Olivenöl
- 4 Knoblauchzehen, fein gehackt
- 1 TL Meersalz
- Frisch gemahlener schwarzer Pfeffer
- Rote Chiliflocken (optional)

Einen großen Topf mit Salzwasser zum Kochen bringen. Die Cavatelli zugeben und nach Packungsanweisung kochen. Den Brokkoli während der letzten 5 Minuten Kochzeit zu den Nudeln geben und gabelzart kochen. 120 ml Kochwasser auffangen, den Rest abgießen, Nudeln und Brokkoli abtropfen lassen und zurück in den Topf geben.

Währenddessen das Öl in einer kleinen Pfanne auf mittlerer Flamme erhitzen. Den Knoblauch zugeben und 1 Minute braten, bis er duftet. Das aufgefangene Kochwasser und Salz zu den Nudeln geben und vermischen. Mit schwarzem Pfeffer und, falls verwendet, roten Chiliflocken abschmecken.

A TAVOLA NON SI INVECCHIA MAI.

(AM ESSTISCH WIRD MAN NICHT ALT.)

SCHLEIFCHEN IN KNOBLAUCH-CREMESAUCE

FARFALLE ALLA CREMA DI AGLIO

4 BIS 6 PERSONEN

Dies ist eins meiner absoluten Lieblings-Pastagerichte – cremige Farfalle mit sonnengetrockneten Tomaten und Pilzen. Bei Tausenden meiner Dinnerpartys (na gut, vielleicht nicht Tausenden) habe ich diese Nudeln serviert. Nie ahnte irgendwer, dass sie vegan sind. Auf dass dieses Rezept Ihnen dasselbe Dinnerglück beschert!

ANMERKUNG: *Wenn die Sauce beim Ruhen zu viel nachdickt, können Sie sie mit etwas Wasser oder veganer Milch verdünnen. Dann auf mittlerer Flamme erhitzen und glatt rühren. Erneut abschmecken.*

Einen großen Topf mit Salzwasser zum Kochen bringen. Die Farfalle zugeben und nach Packungsanweisung kochen. Kurz bevor Sie das Kochwasser abgießen, die sonnengetrockneten Tomaten mit ins kochende Wasser geben. Dann das Wasser abgießen, die Nudeln und Tomaten kurz abtropfen lassen und zurück in den Topf geben.

Währenddessen 1 EL Öl in einer mittelgroßen Pfanne auf mittlerer Flamme erhitzen. Die Zwiebel zugeben und weich braten. Knoblauch zugeben und 1 Minute mitbraten. Vom Herd nehmen. Zwiebel, Cashewkerne, Wasser, Zitronensaft und Salz in einen Mixer geben. Auf hoher Stufe 2 Minuten sehr glatt pürieren. Beiseitestellen.

Den übrigen 1 EL Olivenöl in einem großen Topf oder einer Pfanne auf mittlerer Flamme erhitzen. Pilze zugeben, mit Salz und Pfeffer würzen und braten, bis sie weich und bräunlich sind. Bei Bedarf mehr Olivenöl zugeben. Mit der Cremesauce übergießen, dann die Hitze reduzieren. 1 bis 2 Minuten köcheln lassen und dabei gelegentlich umrühren.

Anschließend die Sauce zu den Nudeln gießen und untermischen. Mit Salz und Pfeffer abschmecken. Mit Petersilie garnieren und sofort servieren.

450 g Farfalle (oder glutenfreie Nudeln)

35 sonnengetrocknete Tomaten, fein gehackt

2 EL Olivenöl

1 große Zwiebel, gehackt

4 Knoblauchzehen, fein gehackt

80 g rohe Cashewkerne oder blanchierte Mandeln

480 ml Wasser

1 EL Zitronensaft

2 TL Meersalz

450 g Pilze, in Scheiben

Frisch gemahlener schwarzer Pfeffer

Gehackte frische italienische Petersilie, zum Garnieren

*Wenn Sie keinen sehr leistungsstarken Mixer (zum Beispiel einen Vitamix) haben, die Cashewkerne bzw. Mandeln über Nacht einweichen oder 10 Minuten in Wasser kochen, dann abtropfen lassen. Dadurch werden sie aufgeweicht, damit die Sahne wirklich seidig glatt wird.

WILDPILZ-RIGATONI

RIGATONI AI FUNGHI SELVATICI

4 BIS 6 PERSONEN

Dieses ultraelegante Gericht ist perfekt für Pilzliebhaber jeden Alters. Cremig, herzig und schick genug für ein Abendessen mit Gästen.

15 g getrocknete Wildpilze

240 ml warmes Wasser

450 g Rigatoni

3 EL Olivenöl

1 Zwiebel, fein gehackt

225 g frische Pilze (Shiitake, braune Champignons oder eine Mischung), in Scheiben

3 Knoblauchzehen, fein gehackt

1 TL Meersalz

120 ml Weißwein

4 EL Mehl

480 ml Mandel- oder Sojamilch

50 g sonnengetrocknete Tomaten, gehackt (optional)

Frisch gemahlener schwarzer Pfeffer

Gehackte frische italienische Petersilie, zum Garnieren

Die getrockneten Pilze nach Packungsanweisung in warmem Wasser einweichen. Das Wasser abgießen und die Pilze beiseitestellen.

Einen großen Topf mit Salzwasser zum Kochen bringen. Die Rigatoni zugeben und nach Packungsanweisung kochen. Das Wasser abgießen und die Nudeln zurück in den Topf geben.

Währenddessen 1 EL Öl auf mittlerer Flamme in einer großen Pfanne erhitzen. Zwiebel, frische Pilze und die eingeweichten getrockneten Pilze zugeben und weich braten. Knoblauch und Salz zugeben und 1 weitere Minute braten, bis es duftet. Mit dem Wein ablöschen. Ein paar Minuten köcheln lassen, bis ungefähr die Hälfte der Flüssigkeit verkocht ist. In eine Schüssel umfüllen und beiseitestellen. Die Pfanne für den nächsten Schritt bereitstellen. Die übrigen 2 EL Öl in derselben Pfanne auf mittlerer Flamme erhitzen. Mehl zugeben und für die Mehlschwitze mit einem Küchenspatel oder Pfannenwender ein paar Minuten lang umrühren. Mandelmilch hineingießen und kontinuierlich umrühren, bis die Flüssigkeit kocht und andickt. Die beiseitegestellte Pilzmischung zugeben und eine weitere Minute köcheln lassen. Falls verwendet, jetzt die sonnengetrockneten Tomaten zugeben.

Anschließend die Sauce zu den Nudeln gießen und untermischen. Mit Pfeffer würzen. Mit Petersilie bestreuen und servieren.

PENNE MIT TOMATEN-CREMESAUCE*

PENNE CON CREMA DI POMODORI SECCHI

4 BIS 6 PERSONEN

Hier trifft gehobene Küche auf Wohlfühl-Seelenfutter! Es macht süchtig und richtig Appetit wie Makkaroni mit Käse, aber dieses Gericht aus glatten Penne und sonnengetrockneten Tomaten ist elegant und klassisch. Es passt zu jedem Anlass und wird ohne Frage Ihre neue Lieblingspasta. Wenn Ihre Gäste gern scharf essen, können Sie mit den roten Chiliflocken ruhig etwas großzügiger umgehen.

ANMERKUNG: *Wenn die Sauce beim Ruhen zu viel nachdickt, können Sie sie mit etwas veganer Milch wieder verdünnen. Dann auf mittlerer Flamme erhitzen, glatt rühren und erneut abschmecken.*

450 g Penne (oder glutenfreie Nudeln)

75 g sonnengetrocknete Tomaten

3 EL Olivenöl

40 g Mehl (oder glutenfreies Mehl)

840 ml Mandelmilch

4 EL Hefeflocken

2 EL Tomatenmark

2 TL Meersalz

1 TL Knoblauchpulver

1 TL getrocknetes Basilikum

Prise rote Chiliflocken

Einen großen Topf mit Salzwasser zum Kochen bringen. Die Penne zugeben und nach Packungsanweisung kochen. Kurz vor dem Abgießen des Wassers die Hälfte der sonnengetrockneten Tomaten mit ins kochende Wasser geben. Das Wasser abgießen und die Nudeln zurück in den Topf geben.

Währenddessen in einem mittelgroßen Topf mit der Mehlschwitze beginnen: Öl und Mehl bei mittlerer Hitze 3 bis 5 Minuten mit einem Schneebesen rühren. Dann die Mandelmilch, Hefeflocken, Tomatenmark, Salz, Knoblauchpulver, Basilikum und rote Chiliflocken zugeben und unter ständigem Rühren aufkochen lassen. Die Hitze reduzieren, die übrigen sonnengetrockneten Tomaten zugeben und köcheln lassen, bis die Sauce andickt. Dann in einen Mixer gießen und glatt pürieren. Die Sauce zu den Nudeln gießen und untermischen. Noch einmal abschmecken und sofort servieren.

PASTA ALLA NORMA MIT RICOTTA*

PASTA ALLA NORMA CON RICOTTA SALATA

4 BIS 6 PERSONEN

Pasta alla Norma bedeutet Nudeln in Tomatensauce mit gedünsteter Aubergine. Dieses sizilianische Gericht ist herzhaft und ganz einfach zuzubereiten. Wann immer ich es für Gäste koche, werde ich nach dem Rezept gefragt. Das Geheimnis sind ein Esslöffel brauner Zucker und etwas Balsamicoessig, die den Geschmack der Tomaten auffrischen und die Säure etwas abmildern.

Meersalz

2 mittelgroße Auberginen, in 1,5 cm große Würfel geschnitten

3 EL Olivenöl

3 Knoblauchzehen, fein gehackt

¼ TL rote Chiliflocken

1 Dose (800 g) Tomatenstücke

1 EL brauner Zucker

Frisch gemahlener schwarzer Pfeffer

450 g Rigatoni (oder glutenfreie Nudeln)

Balsamicoessig zum Beträufeln

½ Handvoll frisches Basilikum

Rockin' Ricotta (Seite 242)

Die Auberginenwürfel großzügig salzen, dann in ein Sieb geben und ungefähr 15 Minuten schwitzen lassen. Die Würfel mit frischem Wasser abspülen und mit Papiertüchern oder einem trockenen Küchentuch abtupfen, um überschüssige Feuchtigkeit und Salz zu entfernen.

Das Öl in einer mittelgroßen Pfanne bei mittlerer Flamme erhitzen. Die Auberginenwürfel zugeben und 5 bis 7 Minuten braten, bis sie leicht braun geworden sind. Die Hitze etwas reduzieren und weitere 15 Minuten garen, bis die Auberginenwürfel sehr weich und zart sind. Knoblauch und Chiliflocken zugeben und 1 weitere Minute garen. Dann die Tomatenstücke und den braunen Zucker zugeben. Umrühren und erneut einige Minuten köcheln lassen. Mit schwarzem Pfeffer würzen.

Währenddessen einen großen Topf mit Salzwasser zum Kochen bringen. Die Rigatoni zugeben und nach Packungsanweisung kochen. Das Wasser abgießen und die Nudeln zurück in den Topf geben.

Anschließend die Sauce zu den Nudeln gießen und untermischen. Auf Schüsseln verteilen und etwas Balsamicoessig auf jede Portion träufeln. Mit Basilikum und ein paar Esslöffeln Ricotta garnieren. Sofort servieren.

CREMIGE GELBE-PAPRIKA-PASTA

FARFALLE CON CREMA DI PEPERONI

4 BIS 6 PERSONEN

Dieses (jetzt nicht mehr) geheime Rezept kommt geradewegs aus dem italienischen Lecce, und zwar von meiner italienischen nonna Lina, übersetzt von ihren Kindern Lele und Danielle. Es besteht aus Schleifchennudeln mit einer Cremesauce aus pürierten gerösteten gelben Paprikas (und einer roten Paprika für etwas mehr Farbe), Kapern, Zwiebeln und einem Schuss Olivenöl. So frisch, authentisch und „unabsichtlich" vegan!

ANMERKUNG: Wenn die Sauce beim Ruhen zu viel nachdickt, können Sie sie mit etwas Wasser oder veganer Milch verdünnen. Dann auf mittlerer Flamme erhitzen, glatt rühren und erneut abschmecken.

3 gelbe Paprikas

1 rote Paprika

450 g Farfalle (oder glutenfreie Nudeln)

3 EL Olivenöl, plus etwas mehr zum Beträufeln

1 große Zwiebel, gehackt

1 ¾ TL Meersalz

1 Knoblauchzehe

1 EL Kapern, abgetropft

1 Messerspitze rote Chiliflocken

Frisch gemahlener schwarzer Pfeffer

Parmesan (Seite 244)

Die Paprikas mit einer Küchenzange direkt in die Flamme eines Gasherds oder eines Grills halten und rösten. Dabei häufig wenden, damit alle Seiten schwarz werden. Wenn alle Paprikas außen vollkommen verkohlt sind, legen Sie sie in eine braune Papiertüte. Die Tüte zurollen und die Paprikas im eigenen Dampf garen lassen. So 15 Minuten ruhen lassen. Dann die Paprikas herausnehmen und die verkohlte Haut abziehen. Stängel und Kerne entfernen.

Währenddessen einen großen Topf mit Salzwasser zum Kochen bringen. Die Farfalle zugeben und nach Packungsanweisung kochen. Das Wasser abgießen und die Nudeln zurück in den Topf geben.

1 EL Öl in einer mittelgroßen Pfanne auf mittlerer Flamme erhitzen. Die Zwiebel zugeben und weich braten.

Die gerösteten Paprikas, Zwiebeln, Knoblauch, die übrigen 2 EL Öl, Salz und Kapern in einen Mixer (nicht in die Küchenmaschine) geben und sehr glatt pürieren.

Anschließend die Sauce zu den Nudeln gießen, mit Chiliflocken würzen und alles vermischen. Mit Salz und Pfeffer abschmecken, dann auf Schüsseln verteilen. Etwas Parmesan auf jede Portion streuen und mit etwas Olivenöl beträufeln.

FUSILLI MIT MINZE-AUBERGINEN-SAUCE*

FUSILLI CON SUGO DI MELANZANE E MENTA

4 BIS 6 PERSONEN

Ich habe diese Nudeln bereits so vielen Auberginenhassern serviert, die am Ende doch immer einen Nachschlag wollen. Die Auberginen werden geröstet und mit sonnengetrockneten Tomaten und frischer Minze sehr cremig püriert. Die Sauce ist süß, cremig und hat einen säuerlichen Kick! Reste können am nächsten Tag kalt als Nudelsalat serviert werden.

***ANMERKUNG:** Wenn die Sauce beim Ruhen zu viel nachdickt, können Sie sie mit etwas Wasser oder veganer Milch verdünnen. Dann auf mittlerer Flamme erhitzen, glatt rühren und erneut abschmecken.*

- 2 mittelgroße Auberginen
- 120 ml Olivenöl, plus etwas mehr zum Bestreichen
- 450 g Fusilli (oder glutenfreie Nudeln)
- 120 ml Wasser
- 1 EL Zitronensaft
- 1 EL brauner Zucker
- ½ TL rote Chiliflocken
- 2 ¼ TL Meersalz
- ½ TL frisch gemahlener schwarzer Pfeffer
- 50 g sonnengetrocknete Tomaten, gehackt
- ½ Bund frische Minze, gehackt

Den Backofen auf 205 °C vorheizen.

Oben und unten die Enden der Auberginen abschneiden, dann längs halbieren. Das Fruchtfleisch mit einem Messer mehrmals diagonal in die eine, dann in die andere Richtung einschneiden. Schneiden Sie tief hinein, aber passen Sie auf, dass Sie nicht durch die Schale stechen. Dünn mit Öl bestreichen, dann mit der flachen Seite nach unten auf ein großes Backblech legen. 40 Minuten rösten. Etwas abkühlen lassen.

Währenddessen einen großen Topf mit Salzwasser zum Kochen bringen. Fusilli zugeben und nach Packungsanweisung kochen. Das Wasser abgießen und die Nudeln zurück in den Topf geben.

Das Fruchtfleisch der Auberginen mit einem großen Löffel herausstechen und die Häute wegwerfen. Für die Sauce das Fruchtfleisch, 120 ml Öl, Wasser, Zitronensaft, braunen Zucker, Chiliflocken, Salz und Pfeffer in einer Küchenmaschine glatt pürieren. Die sonnengetrockneten Tomaten zugeben und noch ein paarmal stoßartig mit der Pulse-Funktion pürieren. Es sollen ein paar kleine Tomatenstücke zurückbleiben.

Anschließend die Sauce zu den Nudeln gießen, Minze zugeben und untermischen. Mit Salz abschmecken und servieren.

TEQUILA-TEMPEH-FETTUCCINE*

FETTUCCINE AL TEMPEH SALTATE CON TEQUILA

4 BIS 6 PERSONEN

Zwar sind weder Tequila noch Tempeh klassisch italienisch, doch dieses Rezept befindet sich seit Jahrzehnten im Coscarelli-Familienkochbuch! Egal, ob italienisch oder nicht italienisch – dieses angeheiterte Pastagericht ist immer ein Hit.

ANMERKUNG: Wenn die Sauce beim Ruhen zu viel nachdickt, können Sie sie mit veganer Milch wieder verdünnen. Dann auf mittlerer Flamme erhitzen, glatt rühren und erneut abschmecken.

80 g rohe Cashewkerne oder blanchierte Mandeln*

360 ml Wasser

3 EL Olivenöl

1 Packung (225 g) Tempeh, dünn geschnitten

180 ml Wasser

60 ml Sojasauce

1 rote Paprika, dünn geschnitten

1 gelbe Paprika, dünn geschnitten

½ rote Zwiebel, dünn geschnitten

4 Knoblauchzehen, fein gehackt

½ Jalapeño-Chili, fein gehackt (ohne Kerne und Membranen)

120 ml Gemüsebrühe

60 ml Tequila gold

2 EL Limettensaft

2 TL Agavendicksaft

1 ½ TL Meersalz

450 g Spinat-Fettuccine oder Linguine (oder glutenfreie Nudeln)

½ Bund frischer Koriander, gehackt

Die Cashewkerne und das Wasser in den Mixer geben. Auf hoher Stufe 2 Minuten sehr glatt pürieren. Beiseitestellen.

1 EL Öl in einer mittelgroßen Pfanne auf mittlerer Flamme erhitzen. Den Tempeh von beiden Seiten bräunlich braten. Bei Bedarf mehr Öl zugeben. Mit Wasser und Sojasauce ablöschen und zu einer sehr dickflüssigen Glasur einkochen lassen.

In einer zweiten Pfanne die übrigen 2 EL auf mittlerer Flamme erhitzen und die Paprikas und Zwiebel zugeben. Gelegentlich umrühren und 10 bis 15 Minuten dünsten, bis das Gemüse weich ist. Knoblauch, Jalapeño, Brühe, Tequila, Limettensaft, Agavendicksaft, Salz, Tempeh mit Glasur und die Cashewsahne zugeben. Sachte zum Kochen bringen und ungefähr 5 Minuten einkochen lassen. Dann abschmecken; wenn der Tequilageschmack zu intensiv ist, noch etwas länger köcheln lassen.

Währenddessen einen großen Topf mit Salzwasser zum Kochen bringen. Die Fettuccine zugeben und nach Packungsanweisung kochen. Das Wasser abgießen und die Nudeln zurück in den Topf geben.

Anschließend die Sauce zu den Nudeln gießen und untermischen. Erneut abschmecken, dann 5 bis 10 Minuten stehen und die Sauce nachdicken lassen. Wenn die Sauce beim Ruhen zu viel nachdickt, nach Bedarf mit mehr Brühe verdünnen. Den Koriander einrühren und sofort servieren.

*Wenn Sie keinen sehr leistungsstarken Mixer (zum Beispiel einen Vitamix) haben, die Cashewkerne bzw. Mandeln über Nacht einweichen oder 10 Minuten in Wasser kochen, dann abtropfen lassen. Dadurch werden sie aufgeweicht, damit die Sahne wirklich seidig glatt wird.

NIE-MEHR-SINGLE-PASTA-CARBONARA MIT SHIITAKE-SPECK★

PASTA ALLA CARBONARA CON PANCETTA DI SHIITAKE

4 BIS 6 PERSONEN

Damit überzeugen Sie auch Nicht-Veganer! Die cremige, genüssliche Sauce wird aus gesundem, eiweißreichem Tofu zubereitet, schmeckt aber, als steckte sie bis zum Rand voll mit Milchprodukten. Dazu Shiitake-Speck (dünn geschnittene, mit Olivenöl und Meersalz geröstete Shiitake-Pilze), und Sie haben den perfekten Köder, um sich jemanden zu angeln.

ANMERKUNG: *Wenn die Sauce beim Ruhen zu viel nachdickt, können Sie sie mit etwas Wasser oder veganer Milch verdünnen. Dann auf mittlerer Flamme erhitzen, glatt rühren und erneut abschmecken.*

SHIITAKE-SPECK

450 g Shiitake, geputzt und in dünne Scheiben geschnitten (ungefähr 5 mm dünn)

60 ml Olivenöl

1 ¼ TL Meersalz

½ TL frisch gemahlener schwarzer Pfeffer

PASTA CARBONARA

450 g lange Nudeln (Spaghetti, Linguine, Fettuccine) (oder glutenfreie Nudeln)

2 EL Olivenöl

1 große Zwiebel, gehackt

3 Knoblauchzehen, fein gehackt

400 g weicher Tofu

120 ml Wasser

2 EL Zitronensaft

2 ½ TL Meersalz

Frisch gemahlener schwarzer Pfeffer

Gehackte frische italienische Petersilie, zum Garnieren

Parmesan (Seite 244), optional

Für den Shiitake-Speck: Den Backofen auf 190 °C vorheizen.

Die Pilze auf einem großen Backblech in Öl, Salz und Pfeffer schwenken. Ungefähr 30 Minuten backen, bis sie bräunlich und knusprig sind. Dabei häufig wenden.

Für die Nudeln: Einen großen Topf mit Salzwasser zum Kochen bringen. Die Nudeln zugeben und nach Packungsanweisung kochen. Das Wasser abgießen und die Nudeln zurück in den Topf geben.

Währenddessen das Öl in einer mittelgroßen Pfanne auf mittlerer Flamme erhitzen. Die Zwiebel zugeben und weich dünsten. Den Knoblauch zugeben und einige Minuten mitbraten. Vom Herd nehmen.

Zwiebeln, Knoblauch, Tofu, Wasser, Zitronensaft und Salz in einen Mixer geben. Auf hoher Stufe 2 Minuten sehr glatt pürieren.

Anschließend die Sauce zu den Nudeln gießen und untermischen. Mit Pfeffer würzen und erneut mit Salz abschmecken. Die Nudeln ungefähr 5 Minuten stehen und die Sauce etwas nachdicken lassen. Mit Shiitake-Speck, Petersilie und (falls verwendet) Parmesan garnieren und servieren.

PESTO-MAKKARONI MIT KÄSE★

MACCHERONI AL FORNO CON FORMAGGIO E PESTO

4 BIS 6 PERSONEN

Wenn Sie Pesto und Makkaroni mit Käse lieben, ist dieses Rezept garantiert ein Gewinner. Meine Rezeptetesterin Ann Marie kochte es für ihren Sohn Matthew – er leckte die Schüssel sauber. Das Lustige ist, dass Ihnen auch die Erwachsenen die Schüsseln abschlecken. Heben Sie sich unbedingt selbst eine Portion auf!

450 g Makkaroni (oder glutenfreie Nudeln)

3 EL Olivenöl

40 g Mehl (oder glutenfreies Mehl)

2 Knoblauchzehen, fein gehackt

720 ml Mandel- oder Sojamilch

25 g Hefeflocken

2 EL Tomatenmark

2 TL Meersalz

1 EL Zitronensaft

Klassisches Pesto (Seite 233)

Einen großen Topf mit Salzwasser zum Kochen bringen. Die Makkaroni zugeben und nach Packungsanweisung kochen. Das Wasser abgießen und die Nudeln zurück in den Topf geben.

Währenddessen in einem mittelgroßen Topf mit der Mehlschwitze beginnen: Öl und Mehl bei mittlerer Hitze 3 bis 5 Minuten mit einem Schneebesen rühren. Den Knoblauch zugeben und 1 weitere Minute braten. Dann Milch, Hefeflocken, Tomatenmark und Salz zugeben und unter Rühren aufkochen lassen. Die Hitze reduzieren und köcheln lassen, bis die Sauce andickt. Abschmecken, dann den Zitronensaft einrühren.

Anschließend die Sauce zu den Nudeln gießen und untermischen. Auf Schüsseln verteilen. Einen Klecks Pesto auf jede Portion geben; die Gäste können es beim Essen selbst unterrühren.

CHI DICE MALE DEI MACCHERONI È UN FESSO.

(ES IST EIN NARR, WER SCHLECHT VON MAKKARONI SPRICHT.)

ROSAROTE PASTA

PASTA CON LA SALSA ROSA

4 BIS 6 PERSONEN

Im Kleiderschrank ist Pink meine Lieblingsfarbe, und so halte ich es auch mit pinkfarbenen Saucen. Wer sagt schon Nein zu einer herzhaften Tomatensauce mit einem Hauch von Sahne? Nicht meine Wenigkeit!

ANMERKUNG: Wenn die Sauce beim Ruhen zu viel nachdickt, können Sie sie mit veganer Milch wieder verdünnen. Dann auf mittlerer Flamme erhitzen, glatt rühren und erneut abschmecken.

450 g Bucatini oder dicke Spaghetti (oder glutenfreie Nudeln)

2 EL Olivenöl

3 Knoblauchzehen, fein gehackt

1 Dose (800 g) Tomatenstücke

2 TL Meersalz

2 TL Zucker

80 g rohe Cashewkerne*

120 ml Wasser

½ Bund frisches Basilikum, in Chiffonade geschnitten, siehe Tipp (Seite 26), plus etwas mehr zum Garnieren

*Wenn Sie keinen sehr leistungsstarken Mixer (zum Beispiel einen Vitamix) haben, die Cashewkerne über Nacht einweichen oder 10 Minuten in Wasser kochen, dann abtropfen lassen. Dadurch werden sie aufgeweicht, damit die Sahne wirklich seidig glatt wird.

Einen großen Topf mit Salzwasser zum Kochen bringen. Die Bucatini zugeben und nach Packungsanweisung kochen. Das Wasser abgießen und die Nudeln zurück in den Topf geben.

Das Öl in einem großen Topf auf mittlerer Flamme erhitzen. Knoblauch zugeben und ungefähr 1 Minute mitbraten. Tomaten, Salz und Zucker einrühren. Bei mittlerer Hitze 10 Minuten köcheln lassen; dabei gelegentlich umrühren.

Währenddessen die Cashewkerne und das Wasser in den Mixer geben. Auf hoher Stufe 2 Minuten sehr glatt pürieren. Die Cashewsahne unter die Tomatensauce rühren und den Herd abschalten. Das Basilikum einrühren, dann die Sauce unter die heißen Nudeln mischen. Mit Basilikum garnieren und sofort servieren.

PENNE PUTTANESCA

PENNE ALLA PUTTANESCA

4 BIS 6 PERSONEN

Wenn diese Puttanesca auf den Tisch kommt, wird sie innerhalb von Minuten vertilgt! Dieses Rezept ist sehr geschmacksintensiv und ist innerhalb von nur zehn Minuten gemacht. Wer braucht Sardellen, wenn es Kapern gibt?

- 450 g Penne (oder glutenfreie Nudeln)
- 2 EL Olivenöl
- 4 Knoblauchzehen, fein gehackt
- 1 Dose (800 g) gewürfelte Tomaten
- 85 g Kalamata-Oliven, entsteint
- 2 EL Kapern, abgetropft
- 1 TL Meersalz
- ¼ TL rote Chiliflocken
- Frisch gemahlener schwarzer Pfeffer
- 4 EL frische italienische Petersilie, gehackt
- Parmesan (Seite 244), optional

Einen großen Topf mit Salzwasser zum Kochen bringen. Die Penne zugeben und nach Packungsanweisung kochen. Das Wasser abgießen und die Nudeln zurück in den Topf geben.

Währenddessen das Öl in einer großen Pfanne auf mittlerer Flamme erhitzen. Knoblauch zugeben und 1 Minute braten, bis er duftet. Tomaten, Oliven, Kapern, Salz und Chiliflocken zugeben. Mit schwarzem Pfeffer würzen und 10 Minuten köcheln lassen.

Anschließend die Sauce zu den Nudeln gießen und die Petersilie untermischen. Noch einmal abschmecken und servieren. Wenn Sie möchten, dazu meinen Parmesan servieren.

VOLLKORNWEIZEN-SPAGHETTI MIT PILZEN

SPAGHETTI INTEGRALI AI FUNGHI

4 BIS 6 PERSONEN

Vor vielen Jahren streuten sich die Bauern in Italien anstelle von Parmesankäse Semmelbrösel auf ihre Pasta. Heute hat sich der Trend durchgesetzt und gilt in Restaurants als Neuheit. Es ist der perfekte Trick für Veganer und mein Lieblingstopping für Spaghetti mit Pilzen. Vollkornweizennudeln müssen gut (nicht al dente) gekocht werden, damit sie angenehm zu essen sind.

Einen großen Topf mit Salzwasser zum Kochen bringen. Die Spaghetti zugeben und nach Packungsanweisung kochen. 120 ml des Kochwassers auffangen, den Rest abgießen und die Nudeln wieder zurück in den Topf geben.

Währenddessen das Öl in einer großen Pfanne auf mittlerer Flamme erhitzen. Den Knoblauch zugeben und 1 Minute braten, bis er duftet. Pilze und Salz zugeben und dünsten, bis die Pilze weich und bräunlich sind. Mit Pfeffer würzen. Mit Brühe und Wein ablöschen und köcheln lassen, bis ungefähr die Hälfte der Flüssigkeit verkocht ist.

Die Pilze zu den Nudeln geben, das aufgefangene Kochwasser und die Petersilie ebenfalls zugeben und alles vermischen. Bei Bedarf mit etwas mehr Öl beträufeln und noch einmal abschmecken. Auf Schüsseln verteilen und Semmelbrösel auf jede Portion streuen.

1 Packung Vollkornweizen-Spaghetti (340 bis 450 g)

60 ml Olivenöl, plus etwas mehr zum Beträufeln

6 Knoblauchzehen, fein gehackt

680 g gemischte Pilze, dünn geschnitten

1 TL Meersalz

Frisch gemahlener schwarzer Pfeffer

120 ml Gemüsebrühe

120 ml Weißwein

½ Bund frische italienische Petersilie, gehackt

Geröstete Semmelbrösel (Seite 244)

KARTOFFEL-GNOCCHI IN KRÄUTER-KNOBLAUCH-SAUCE

GNOCCHI CON SALSA ALLE ERBE AROMATICHE

4 PERSONEN

TIPP ZUR ZUBEREITUNG IM VORAUS: Der Teig oder die ungekochten, zugeschnittenen Gnocchi können einen Tag im Voraus zubereitet und im Kühlschrank aufbewahrt werden. Sie können die zugeschnittenen Gnocchi auch einfrieren, dann vor dem Servieren in Wasser kochen.

1 große Russet-Kartoffel (400 bis 450 g), geschält und in 5 cm große Stücke geschnitten

150 g Mehl, plus etwas mehr zum Ausrollen

½ TL Meersalz

¼ TL gemahlener Muskat

¼ TL frisch gemahlener schwarzer Pfeffer

2 EL Olivenöl, plus mehr nach Bedarf

1 Knoblauchzehe, fein gehackt

½ TL getrocknetes Basilikum

½ TL getrockneter Oregano

Parmesan (Seite 244)

Gehackte frische italienische Petersilie, zum Garnieren

Die Kartoffelstücke in einem großen Topf mit kaltem Wasser bedecken. Einen Deckel aufsetzen und zum Kochen bringen. Die Kartoffeln kochen, bis Sie mühelos eine Gabel hineinstechen können. Das Wasser abgießen und die Kartoffeln zurück in den Topf geben. Die Kartoffeln durch eine Kartoffelpresse drücken oder noch warm gut zerstampfen. Dann in eine mittelgroße Schüssel füllen und in den Kühlschrank stellen, bis der Kartoffelstampf vollständig abgekühlt ist.

Mehl, Salz, Muskat und Pfeffer zu den Kartoffeln geben. Mit einem großen Löffel gut vermischen. Mit den Händen 1 bis 2 Minuten zu einem weichen, etwas klebrigen Teig kneten. Die Arbeitsfläche und Ihre Hände großzügig mit Mehl bestäuben. Je eine Handvoll Teig zu ungefähr 1,5 cm dicken Strängen ausrollen. Ein scharfes Messer ins Mehl tunken, dann 2,5 cm lange Stücke von den Teigsträngen abschneiden.

Einen mittelgroßen Topf mit Salzwasser füllen und zum Kochen bringen. Das Öl in einer großen, antihaftbeschichteten Pfanne auf mittlerer Flamme erhitzen.

Wenn das Wasser kocht, die Hitze etwas reduzieren, sodass es sachte köchelt. Dann jeweils ungefähr 20 Gnocchi hineingeben. Nach ungefähr 2 Minuten steigen die Gnocchi an die Wasseroberfläche. Wenn die letzten Gnocchi oben schwimmen, weitere 2 Minuten köcheln lassen. Dann sofort mit einem Abseihlöffel abschöpfen und in die Pfanne mit dem Öl geben. Knoblauch, Basilikum und Oregano zugeben. Von jeder Seite ein paar Minuten braten. Nach Bedarf mehr Öl oder Gewürze zugeben. Sie werden hier portionsweise vorgehen müssen, bis alle Gnocchi gebraten sind. Salzen und pfeffern, dann mit Parmesan und Petersilie bestreuen.

BUTTERNUSS-RAVIOLI MIT BRAUNEM ZUCKER UND KNUSPRIGEM SALBEI

RAVIOLI ALLA ZUCCA CON SALVIA E ZUCCHERO DI CANNA

UNGEFÄHR 20 (7,5 CM GROSSE) RUNDE RAVIOLI

GERÖSTETER BUTTERNUSSKÜRBIS

340 g Butternusskürbis, gewürfelt

2 EL Olivenöl

Meersalz

FÜLLUNG

1 Zwiebel, fein gehackt

4 EL gehackte Pekannüsse

½ TL Meersalz

Frisch gemahlener schwarzer Pfeffer

Ravioliteig (Seite 237), zu dünnen Scheiben ausgerollt

4 EL vegane Margarine

60 ml Olivenöl

1 EL brauner Zucker, plus etwas mehr nach Bedarf

½ Bund frischer Salbei

Prise gemahlener Muskat

Für den gerösteten Butternusskürbis: Den Backofen auf 200 °C vorheizen. Die Kürbiswürfel auf einem großen Backblech ausbreiten und in etwas Öl schwenken. Salzen, dann 45 bis 50 Minuten rösten, bis der Kürbis so weich ist, dass Sie mühelos eine Gabel hineinstechen können. Aus dem Backofen nehmen und in der Küchenmaschine glatt pürieren. Das Kürbispüree in der Küchenmaschine lassen.

Für die Füllung: Das Öl in einer großen Pfanne auf mittlerer Flamme erhitzen und die Zwiebel weich und bräunlich dünsten. Die Pekannüsse zugeben und 1 weitere Minute braten. Die Mischung zu dem gerösteten Butternusskürbis in die Küchenmaschine geben. Mit Salz und Pfeffer würzen, dann fast glatt pürieren und noch einmal abschmecken.

Für die Ravioli: 7,5 cm große Kreise aus dem ausgerollten Nudelteig ausstechen oder -schneiden, dann je 1 bis 2 Teelöffel Füllung in die Mitte jedes Kreises setzen. Die Ränder mit den Fingerspitzen mit etwas kaltem Wasser betupfen, dann die eine Hälfte über die andere falten und die Ränder zudrücken, um sie zu verschließen.

Einen großen Topf 5 cm hoch mit Wasser füllen und sachte zum Kochen bringen. Die Ravioli hineingeben und 3 bis 5 Minuten kochen, bis die Nudeln gar aussehen. Währenddessen die Margarine und das Öl auf mittlerer Flamme in einer großen, antihaftbeschichteten Pfanne erhitzen, bis die Margarine beginnt Bläschen zu werfen. Den braunen Zucker einrühren. Die Ravioli mit einem Abseihlöffel aus dem Wasser schöpfen und direkt in die Pfanne mit der zerlassenen Margarine geben. Salbei zugeben und die Ravioli einige Minuten bräunlich braten. Dabei häufig wenden. Bei Bedarf mehr braunen Zucker zugeben. Mit Muskatnuss würzen und sofort servieren.

PILZ-WANTAN-RAVIOLI

RAVIOLI RIPIENI DI FUNGHI

4 PERSONEN

Keine Zeit, um Nudelteig auszurollen? Dann nehmen Sie stattdessen einfach Wantan-Blätter! Eifreie Wantan- (oder Gyoza-)Blätter gibt es in der Asienabteilung Ihres Supermarkts.

TIPP ZUR ZUBEREITUNG IM VORAUS: *Die Wantans können gefüllt, auf ein Backblech gesetzt und mit Frischhaltefolie bedeckt 24 Stunden im Kühlschrank gelagert werden. Sie können auch als eine Schicht gefüllt und eingefroren werden; dann, sobald sie gefroren sind, in einen Plastikbeutel oder einen Tupperware-Behälter füllen. Für gefrorene Wantans die Kochzeit etwas verlängern.*

FÜLLUNG

1 EL Olivenöl

225 g Champignons, geputzt und in Scheiben

3 Schalotten, in Scheiben

¼ TL Meersalz

¼ TL frisch gemahlener schwarzer Pfeffer

60 ml Weißwein

1 TL frischer Thymian

1 EL gehackte frische italienische Petersilie, plus etwas mehr zum Garnieren

1 Packung vegane Wantan-Blätter

240 ml Tomatensauce

Für die Füllung: Das Öl in einer mittelgroßen Pfanne auf mittlerer Flamme erhitzen und die Pilze und Schalotten zugeben. Mit Salz und Pfeffer würzen und weich und bräunlich braten. Mit Wein ablöschen, die Hitze etwas reduzieren und köcheln lassen, bis er verkocht ist. Den Herd abschalten und Thymian und Petersilie untermischen. Noch einmal abschmecken, dann in einer Küchenmaschine ein paar Mal stoßartig mit der Pulse-Funktion pürieren.

Für die Wantan-Ravioli: Die Wantan-Blätter auf eine dünn mit Mehl bestäubte Arbeitsfläche legen. Dann jedes Blatt mit etwas Wasser bestreichen. Je ungefähr 1 ½ TL der Füllung nahe der Ecke auf jedes Wantan-Blatt setzen und vorsichtig zu einem Dreieck falten. Mit den Fingern den Teig um die Füllung schlagen, Luftbläschen herausdrücken und sehr gut verschließen. Auf ein dünn mit Mehl bestäubtes Backblech setzen und so fortfahren, bis alle Wantan-Blätter gefüllt sind.

Einen mittelgroßen Topf mit Salzwasser zum Kochen bringen, dann die Temperatur etwas herunterdrehen und köcheln lassen. Je 4 bis 6 Wantans ins Wasser geben und 3 bis 4 Minuten sachte köcheln lassen. Nicht bei hoher Hitze kochen, sonst zerfallen Ihnen die Teigblätter. Die Wantans steigen nach ungefähr 2 Minuten an die Wasseroberfläche. Dann noch 2 bis 3 Minuten köcheln lassen. Die Wantans vorsichtig mit einem Abseihlöffel aus dem Wasser schöpfen und auf einen großen Teller legen. So fortfahren, bis alle Wantan-Ravioli gekocht sind.

Zum Servieren: Die Wantans mit Tomatensauce übergießen und mit Petersilie garnieren.

LINSEN-MANICOTTI

MANICOTTI ALLE LENTICCHIE

4 BIS 6 PERSONEN

Schlagen Sie sich völlig ohne Schuldgefühle mit diesen gefüllten Nudeln den Bauch voll! Sie strotzen nur so vor nährstoff- und eiweißreichen Linsen, Tofu und Auberginen und sind so die ideale Mahlzeit zum Energietanken, wenn Sie sich kaputt fühlen oder einen Riesenhunger haben. Die Manicotti können einen Tag im Voraus zubereitet und vor dem Servieren wieder erhitzt werden.

TIPP ZUR ZUBEREITUNG IM VORAUS: Noch nicht zubereitete Manicotti können bis zu 2 Tage im Voraus gefüllt und bis zum Backen im Kühlschrank gelagert werden.

1 Aubergine, in 1,5 cm große Würfel geschnitten

2 EL Olivenöl

Meersalz

Frisch gemahlener schwarzer Pfeffer

1 Dose (425 g) Linsen, gewaschen und abgetropft

Rockin' Ricotta (Seite 242)

1 Packung (225 g) Manicotti

1 Glas (800 g) Tomatensauce

60 ml Soja-, Mandel- oder Reismilch

2 EL brauner Zucker oder Ahornsirup

Den Backofen auf 170 °C vorheizen. Ein großes Backblech und eine 23 × 33 cm große Backform dünn fetten.

Die Auberginenwürfel auf das Backblech geben und in Öl schwenken. Salzen und pfeffern, dann 20 Minuten backen. Dabei gelegentlich wenden. Währenddessen die Linsen und den Ricotta in einer großen Schüssel vermischen. Die Auberginenwürfel zugeben.

Die Manicottinudeln nach Packungsanweisung kochen. Tomatensauce, Milch und braunen Zucker in einer großen Schüssel verrühren.

Den Boden der 23 × 33 cm großen Form mit etwas Sauce bedecken.

Die Manicotti mit der Ricottamischung füllen, dann in einer Reihe in die Backform legen. Übrig gebliebene Füllung kann im Kühlschrank oder Tiefkühlschrank aufbewahrt und anderweitig verwendet werden. Die gefüllten Manicotti mit dem Rest der Sauce übergießen, sodass sie komplett bedeckt werden. Mit Salz und Pfeffer würzen. Mit Aluminiumfolie bedecken und ungefähr 25 Minuten backen, bis alles durch und durch gar ist. Aus dem Backofen nehmen und vor dem Servieren 5 Minuten abkühlen lassen.

LASAGNE BOLOGNESE

LASAGNA ALLA BOLOGNESE

6 PERSONEN

Bolognese ohne Fleisch? Darauf können Sie wetten! Dieses Rezept wurde unzähligen rigorosen Tests unterzogen – wir reden hier von dreißig- oder vierzigmal im Monat. Ja, ich habe einen ganzen Monat lang jeden Tag mindestens eine Version zubereitet, bis das Rezept perfekt war. Ich hoffe, es schmeckt Ihnen genauso gut wie meiner Familie, als ich endlich das Gewinnerrezept raushatte. Und nur so nebenbei erwähnt: Meine Familie hat es immer noch nicht satt!

TIPP ZUR ZUBEREITUNG IM VORAUS: *Die Lasagne kann aufgeschichtet und bis zum Backen bis zu 2 Tage im Kühlschrank gelagert werden.*

2 EL Olivenöl

225 g Pilze, in Scheiben

1 Packung (225 g) Seitan, in Scheiben

1 TL getrocknetes Basilikum

¼ TL rote Chiliflocken

1 TL Meersalz

1 TL frisch gemahlener schwarzer Pfeffer

2 Gläser (je 800 g) Tomatensauce

120 ml Soja-, Mandel- oder Reismilch

2 EL brauner Zucker

450 g Lasagneplatten (ohne Vorkochen)

Rockin' Ricotta (Seite 242)

Den Backofen auf 190 °C vorheizen. Eine 23 × 33 cm große Backform dünn fetten.

Das Öl in einer großen, antihaftbeschichteten Pfanne auf mittlerer Flamme erhitzen. Die Pilze zugeben und braten, bis sie fast weich sind. Seitan zugeben und mitbraten, bis er leicht braun geworden ist. Basilikum, Chiliflocken, Salz und Pfeffer untermischen. 1 weitere Minute braten. Vom Herd nehmen und in die Küchenmaschine geben. Ungefähr 15-mal mit der Pulse-Funktion grob zerkleinern.

Für die Sauce: Tomatensauce, vegane Milch und den braunen Zucker in einer großen Schüssel verrühren.

Für die Lasagne: Den Boden der vorbereiteten Backform dünn mit Sauce bedecken. Dann mit 4 Lasagneplatten auslegen; es macht nichts, wenn sie etwas überlappen. Mit einer weiteren Schicht Sauce bestreichen, gefolgt von der Hälfte der Bolognese-Mischung, dann erneut 4 Lasagneplatten, die Hälfte des Ricottas, 4 Lasagneplatten, Sauce, die restliche Bolognese-Mischung, 4 Lasagneplatten, den restlichen Ricotta und 4 weitere Platten aufschichten. Mit der übrigen Sauce übergießen.

Die Backform mit Aluminiumfolie bedecken und 45 Minuten backen, bis die Nudeln gar sind und die Sauce heiß ist und Bläschen wirft. Aus dem Backofen nehmen und vor dem Servieren 5 Minuten abkühlen lassen.

WEISSE LASAGNE MIT GERÖSTETEM BUTTERNUSSKÜRBIS UND SPINAT

LASAGNA BIANCA CON ZUCCA ARROSTITA

6 PERSONEN

Das Lasagne-Gleis ausgefahren? Lösen Sie sich mit dieser himmlischen weißen Lasagne von der üblichen Rote-Sauce-Routine.

GERÖSTETER BUTTERNUSSKÜRBIS

340 g Butternusskürbis, gewürfelt

2 EL Olivenöl

Meersalz

SPINAT

1 EL Olivenöl

140 g junger Spinat

ALFREDOSAUCE

1 EL Olivenöl

1 große Zwiebel, gehackt

2 Knoblauchzehen, fein gehackt

200 g rohe Cashewkerne oder blanchierte Mandeln*

720 ml Wasser

1 EL Zitronensaft

2 TL Meersalz

¼ TL frisch gemahlener schwarzer Pfeffer

450 g Lasagneplatten (ohne Vorkochen)

Rockin' Ricotta (Seite 242)

*Wenn Sie keinen sehr leistungsstarken Mixer (zum Beispiel einen Vitamix) haben, die Cashewkerne bzw. Mandeln über Nacht einweichen oder 10 Minuten in Wasser kochen, dann abtropfen lassen. Dadurch werden sie aufgeweicht, damit die Sahne wirklich seidig glatt wird.

Für den gerösteten Butternusskürbis: Den Backofen auf 200 °C vorheizen. Die Kürbiswürfel auf einem großen Backblech ausbreiten und in etwas Öl schwenken. Salzen und 30 Minuten weich rösten. Aus dem Backofen nehmen und in der Küchenmaschine glatt pürieren. Bei Bedarf 1 oder 2 Esslöffel Wasser zugeben.

Für den Spinat: Das Öl in einer großen Pfanne auf mittlerer Flamme erhitzen. Den Spinat zugeben und braten, bis er gerade zerfällt.

Für die Alfredosauce: Das Öl in einer mittelgroßen Pfanne auf mittlerer Flamme erhitzen. Die Zwiebel zugeben und weich dünsten. Vom Herd nehmen. Zwiebel, Knoblauch, Cashewkerne, Wasser, Zitronensaft, Salz und Pfeffer im Mixer sehr glatt pürieren (das dauert ungefähr 2 Minuten). Dann beiseitestellen.

Für die Lasagne: Den Backofen auf 190 °C vorheizen. Eine 23 x 33 cm große Backform dünn fetten.

Etwas Sauce dünn in der vorbereiteten Backform verstreichen. Dann mit 4 Lasagneplatten auslegen; es macht nichts, wenn sie etwas überlappen. Die Hälfte des Ricottas, 4 Lasagneplatten, Sauce, Butternusskürbis, Spinat, Sauce, erneut 4 Lasagneplatten, Sauce, den übrigen Ricotta und 4 weitere Platten aufschichten. 240 ml Sauce zum Servieren beiseitestellen, die Lasagne mit dem Rest übergießen. Die Lasagneplatten sollten gleichmäßig bedeckt sein.

Die Backform mit Aluminiumfolie bedecken und 50 Minuten backen, bis die Nudeln gar sind. Aus dem Backofen nehmen und vor dem Servieren 5 Minuten abkühlen lassen. Jede Portion mit einem großzügigen Löffel der heißen Sauce servieren.

DIE HAUPTSPEISE

(SECONDI PIATTI)

Von Risotto bis Polenta spielen Getreide und Bohnen eine Hauptrolle in vielen italienischen Hauptgerichten. Hier experimentiere ich mit einigen meiner Favoriten: Urgetreide und -saaten wie Farro und Quinoa sowie Klassikern wie Arborioreis, Polenta und Kichererbsen. Weiße Cannellinibohnen sind meine Lieblingsbohnen, da sie so reichhaltig und cremig sind – gerade in der veganen Küche ist das sehr nützlich!

AVOCADO-BASILIKUM-QUINOA-BOWL MIT CHILI-OLIVENÖL

QUINOA ALL'AVOCADO CON OLIO AL PEPERONCINO

4 PERSONEN

Diese simple Getreidebowl verwöhnt Sie mit mit den besten Früchten und einem der Lieblingskräuter Italiens! Sie können die Quinoa durch braunen Reis ersetzen, wenn Sie möchten. Wenn es schneller gehen soll, verwenden Sie gefrorene Quinoa oder braunen Reis. Toben Sie sich ruhig mit den optionalen Zutaten aus und holen Sie geschmacklich alles raus!

SAUCE

1 Bund frisches Basilikum

65 g Walnüsse, Mandeln oder Cashewkerne

2 Avocados

2 EL Zitronensaft, plus etwas mehr zum Beträufeln

2 Knoblauchzehen

120 ml Olivenöl

1 ½ TL Meersalz

½ TL frisch gemahlener schwarzer Pfeffer

850 g gekochte Quinoa (beliebige Sorte)

175 g Kirschtomaten, halbiert

3 Frühlingszwiebeln, Wurzeln entfernt, dünn geschnitten

Chili-Olivenöl (Seite 238) oder rote Chiliflocken, zum Servieren

Optional: Avocadoscheiben, gegrillter Mais, Mandelsplitter, Rosinen, gehackte Kalamata-Oliven oder etwas Leckeres vom Bauernmarkt

Für die Sauce: Basilikum, Walnüsse, Avocados, Zitronensaft, Knoblauch, Öl, Salz und Pfeffer in die Küchenmaschine geben und glatt pürieren.

Schüsseln anrichten: Je eine Portion Quinoa in die Schüsseln geben. Dann Sauce, Tomaten, Frühlingszwiebeln und beliebige weitere Zutaten darauf anrichten. Mit Zitronensaft und Chili-Öl beträufeln oder mit Chiliflocken bestreuen. Salzen, pfeffern und servieren.

GEBACKENER TEMPEH IN PILZCREMESAUCE

TEMPEH AL FORNO SU VELLUTATA DI FUNGHI

4 PERSONEN

Auch wenn Sie sonst kein Fan von Tempeh sind; eingedeckt in diese luxuriöse Cremesauce mit Pilzen werden Sie ihn lieben! Achten Sie darauf, die Cashewkerne zu einer sehr glatten, emulgierten Cremesauce zu pürieren. Mit Nussstückchen in der Sauce wird dieses Gericht einfach weniger ansprechend.

1 EL Olivenöl

1 Packung (225 g) Tempeh, dünn geschnitten

130 g rohe Cashewkerne*

480 ml Wasser

3 Knoblauchzehen

2 TL Meersalz

2 TL frischer Thymian, plus etwas mehr zum Garnieren

2 Frühlingszwiebeln, Wurzeln entfernt, dünn geschnitten

225 g Pilze, in Scheiben

Paprikapulver, zum Garnieren

*Wenn Sie keinen sehr leistungsstarken Mixer (zum Beispiel einen Vitamix) haben, dann die Cashewkerne über Nacht einweichen oder 10 Minuten in Wasser kochen, dann abtropfen lassen. Dadurch werden die Cashewkerne aufgeweicht, damit die Sahne wirklich seidig glatt wird.

Das Öl auf mittlerer Flamme in einer großen, antihaftbeschichteten Pfanne erhitzen und die Tempehstreifen hineinlegen. Den Tempeh von beiden Seiten ungefähr 5 Minuten braun braten. Mit einer Küchenzange oder einem Pfannenwender wenden. Anschließend auf einen Teller legen.

Den Backofen auf 175 °C vorheizen. Eine 23 x 33 cm große Backform dünn fetten.

Cashewkerne, Wasser, Knoblauch und Salz im Mixer pürieren, dann in eine große Schüssel gießen. Thymian und Frühlingszwiebeln zu der Cashewsahne geben und mit einem Löffel unterziehen.

Die Pilze und Tempehstreifen in die vorbereitete Backform legen und mit der Cashewsahne übergießen. Mit Paprikapulver bestäuben, dann mit Aluminiumfolie bedecken. Ungefähr 30 Minuten backen, bis die Pilze weich sind. Vor dem Servieren mit frischem Thymian garnieren und mit Salz abschmecken.

CHLOES RAWSAGNE

4 BIS 6 PERSONEN

TOMATENSAUCE

170 g sonnengetrocknete Tomaten (trocken verpackt), mindestens 2 Stunden in Wasser eingeweicht

1 Tomate, gehackt

60 ml Olivenöl

2 EL Zitronensaft

2 EL Ahornsirup

2 TL Meersalz

¼ TL rote Chiliflocken

PINIENKERNE-RICOTTA

225 g rohe Pinienkerne, mindestens 1 Stunde in Wasser eingeweicht

1 EL Zitronensaft

60 ml plus 1 EL Wasser

2 EL Hefeflocken

1 TL Meersalz

PISTAZIEN-PESTO

2 Bunde frisches Basilikum

65 g rohe, geschälte Pistazien

60 ml Olivenöl

1 EL Zitronensaft

½ TL Meersalz

1 große Zucchini, halbiert und mit einem Gemüsehobel oder -schäler in dünne Streifen geschnitten (Zimmertemperatur)

2 große Heirloom-Tomaten, in Scheiben (Zimmertemperatur)

Frisch gemahlener schwarzer Pfeffer

Die Inspiration für dieses Gericht ist meine New Yorker Lieblingsspeise, die Lasagne von Pure Food and Wine, ein zauberhaftes veganes Restaurant in Gramercy Park. Meine Mitbewohner luden mich zu meinem sechsundzwanzigsten Geburtstag dorthin ein und wir alle bestellten die Lasagne, da sie am Tisch neben uns so lecker aussah. Unsere Teller waren in Nullkommanichts geputzt und ich wusste, dass ich diese Lasagne zu Hause nachbilden musste.

TIPP ZUR ZUBEREITUNG IM VORAUS: Die Tomatensauce und der Ricotta können bis zu 3 Tage im Voraus zubereitet und im Kühlschrank aufbewahrt werden. Das Pistazien-Pesto kann 1 Tag im Voraus zubereitet und mit Frischhaltefolie bedeckt im Kühlschrank gelagert werden.

Für die Tomatensauce: Alle Zutaten in der Küchenmaschine glatt pürieren.

Für den Pinienkerne-Ricotta: Alle Zutaten in der Küchenmaschine glatt pürieren.

Für das Pistazien-Pesto: Alle Zutaten in die Küchenmaschine geben. Mit der Pulse-Funktion zerkleinern.

Die Lasagne aufschichten: Pro Portion 2 Zucchinistreifen nebeneinanderlegen. Einen großen Löffel Tomatensauce und je einen kleinen Löffel Pesto und Ricotta darauf geben. Dann 2 Scheiben Tomaten, einen großen Löffel Tomatensauce und erneut je einen kleinen Löffel Pesto und Ricotta aufschichten. Wenn Sie möchten, wiederholen Sie das Ganze. Die Lasagne vor dem Servieren mit Öl beträufeln und mit Salz und Pfeffer würzen.

CREMIGE POLENTA MIT RAGOUT AUS GERÖSTETEM GEMÜSE

POLENTA CREMOSA CON RAGÙ DI VERDURE ARROSTITE

4 PERSONEN

TIPP ZUR ZUBEREITUNG IM VORAUS: Die Polenta kann bis zu 3 Tage im Voraus im Kühlschrank aufbewahrt werden. Dann wieder erhitzen, etwas vegane Milch einrühren und vor dem Servieren noch einmal abschmecken. Das Gemüse kann einen Tag im Voraus geröstet und im Kühlschrank aufbewahrt werden.

POLENTA

1 L Wasser

165 g gelbes Maismehl (mittelgrob)

1 TL Meersalz

Frisch gemahlener schwarzer Pfeffer

1 EL frischer Thymian

1 EL Hefeflocken

2 EL Olivenöl

GEMÜSERAGOUT

450 g gemischtes Gemüse (Brokkoli, Blumenkohl, Möhren oder Kürbis), in mundgerechte Stücke geschnitten

Olivenöl

Meersalz

Frisch gemahlener schwarzer Pfeffer

1 Glas (800 g) Tomatensauce

2 Knoblauchzehen, fein gehackt

60 ml Soja-, Mandel- oder Reismilch

1 EL brauner Zucker oder Ahornsirup

Für die Polenta: Das Wasser in einen mittelgroßen Topf gießen, einen Deckel aufsetzen und zum Kochen bringen. Das Maismehl nach und nach unter ständigem Rühren zugeben, damit es nicht verklumpt. Die Hitze reduzieren und Salz und Pfeffer einrühren. Bei niedriger Hitze 20 bis 30 Minuten köcheln lassen, bis die Mischung dick und das Getreide gar ist; dabei häufig mit einem Holzlöffel umrühren. Vom Herd nehmen, dann Thymian, Hefeflocken und Öl unterrühren.

Für das Gemüseragout: Den Backofen auf 200 °C vorheizen.

Das Gemüse in einer großen Schüssel in ausreichend Öl schwenken, um alle Stücke einzudecken. Mit Salz und Pfeffer würzen.

Das Gemüse in einer Lage auf einem großen Backblech ausbreiten. 25 bis 30 Minuten rösten; dabei alle 15 Minuten umrühren und das Gemüse wenden. Sollte es beginnen auszutrocknen, etwas mehr Öl zugeben und erneut schwenken. Wenn alle Gemüsestücke gar und bräunlich sind, aus dem Backofen nehmen. Beliebig abschmecken.

Währenddessen die Tomatensauce in einem großen Topf erhitzen. Knoblauch, vegane Milch und braunen Zucker einrühren. Köcheln lassen, bis die Sauce durch und durch heiß ist, dann das geröstete Gemüse zugeben.

Zum Servieren: Die Polenta auf Schüsseln verteilen, dann zu jeder Portion etwas Ragout geben.

CANNELLINIBOHNEN MIT ZITRONE UND KRÄUTERN

CANNELLINI ALLE ERBE E LIMONE

2 PERSONEN

Ein leckeres, einfaches Gericht für zwei. Ich koche es gern, wenn ich mit meinem Bruder esse, denn wir stehen beide total auf den cremigen, zitronigen Geschmack der weißen Bohnen in Kombi mit unseren zwei Lieblingsgemüsesorten: Spinat und Kartoffelpüree.

ANMERKUNG: Wenn die Bohnen beim Ruhen zu sehr nachdicken, etwas mehr vegane Milch zugeben und erneut abschmecken.

BOHNEN

1 EL Olivenöl

2 Knoblauchzehen, fein gehackt

1 TL italienische Gewürzmischung

1 Dose (400 g) Cannellinibohnen oder andere weiße Bohnen, gewaschen und abgetropft

½ TL Meersalz

4 EL Hefeflocken

180 ml Soja-, Mandel- oder Reismilch, plus etwas mehr nach Bedarf

1 EL Zitronensaft

SPINAT

1 EL Olivenöl

140 g junger Spinat

Meersalz

Frisch gemahlener schwarzer Pfeffer

Kartoffelpüree mit Knoblauch und Meersalz (Seite 48)

Für die Bohnen: Das Öl in einer großen Pfanne auf mittlerer Flamme erhitzen. Knoblauch und italienische Gewürzmischung zugeben und 1 Minute rösten, bis es duftet. Bohnen, Salz, Hefeflocken und vegane Milch zugeben. 5 Minuten köcheln lassen. Zitronensaft zugeben und mit etwas mehr Salz abschmecken. Wenn die Bohnenmischung zu dick wird, einfach mit etwas mehr Milch verdünnen.

Für den Spinat: Das Öl in einer großen Pfanne auf mittlerer Flamme erhitzen. Den Spinat zugeben und garen, bis er zerfällt. Mit Salz und Pfeffer würzen.

Anrichten: Auf jedem Teller erst den Spinat, dann darauf einen Löffel Kartoffelpüree anrichten. Zum Schluss die Bohnen auf das Kartoffelpüree geben.

AUBERGINEN-PARMIGIANA★

PARMIGIANA DI MELANZANE

4 BIS 6 PERSONEN

Es gibt nichts Schlimmeres als eine fettige Auberginen-Parmigiana, die in so viel Käse und Öl schwimmt, dass Sie die Auberginen gar nicht mehr schmecken können. Diese veganisierte Version ist leicht und lecker, aber ganz genauso üppig. Mein italienischer Großvater Don bat um einen Nachschlag, also muss sie überzeugen!

3 mittelgroße Auberginen (ungefähr 1,5 kg), in 5 mm dünne Scheiben geschnitten

Meersalz

1 EL Olivenöl, plus etwas mehr zum Bestreichen

1 Zwiebel, gehackt

3 Knoblauchzehen, fein gehackt

1 Glas (800 g) Tomatensauce

2 EL brauner Zucker

2 EL Semmelbrösel, zum Streuen

Mozzarellasauce (Seite 237)

4 EL frisches Basilikum, gehackt

Den Backofengrill auf hoher Stufe vorheizen. Zwei große Backbleche dünn fetten.

Die Auberginenscheiben großzügig salzen und in einen Durchschlag legen. Ungefähr 30 Minuten ruhen und schwitzen lassen.

Währenddessen die Tomatensauce zubereiten; dafür das Öl in einem mittelgroßen Topf auf mittlerer Flamme erhitzen. Die gehackte Zwiebel zugeben und dünsten, bis sie weich und bräunlich ist. Knoblauch zugeben und 1 Minute mitbraten. Mit der Tomatensauce ablöschen, den braunen Zucker einrühren und ein paar Minuten länger köcheln lassen.

Überschüssige Feuchtigkeit mit Küchentüchern von den Auberginenscheiben abtupfen. Dann auf den Backblechen anrichten und mit Öl bestreichen. 4 bis 6 Minuten grillen, bis die Oberfläche braun ist.

Die Backofentemperatur auf 175 °C senken. Eine 23 x 33 cm große Backform dünn fetten.

Den Auflauf aufschichten: Die Hälfte der Auberginenscheiben so in der vorbereiteten Form auslegen, dass sie etwas überlappen. 1 EL Semmelbrösel darüberstreuen. Die Hälfte der Tomatensauce und die Hälfte der Mozzarellasauce auf den Semmelbröseln aufschichten. Einmal wiederholen. Unverdeckt 20 Minuten backen. Mit frischem Basilikum garnieren und servieren.

TOSKANISCHER RÜHRTOFU★

TOFU ALLA TOSCANA

4 PERSONEN

In den zehn Jahren, seit denen ich Veganerin bin, habe ich sehr viel Rührtofu gegessen – ganze Wagenladungen voll, wenn Sie alles zusammenrechnen. Ich schwöre beim Tofugott, dass diese Version die absolut beste ist. Mit den süßen, sonnengetrockneten Tomaten und dem frischen Basilikum befinden wir uns hier in einer ganz anderen Liga, die selbst alteingesessene Tofurührer beeindruckt.

2 EL Olivenöl

1 Zwiebel, gehackt

225 g Pilze, in Scheiben

1 ½ TL Meersalz

½ TL frisch gemahlener schwarzer Pfeffer

½ TL Kurkuma

½ TL Zwiebelpulver

½ TL Knoblauchpulver

1 Packung (400 g) fester Tofu, zerbröselt

4 EL sonnengetrocknete Tomaten, fein gehackt

1 EL Hefeflocken

1 Bund frisches Basilikum, gehackt

Avocadoscheiben (optional)

Rote Chiliflocken (optional)

Das Öl in einer großen, antihaftbeschichteten Pfanne auf mittlerer Flamme erhitzen. Zwiebel, Pilze und 1 TL Salz zugeben und braten, bis sie weich und bräunlich sind. Pfeffer, Kurkuma, Zwiebelpulver und Knoblauchpulver zugeben und 1 Minute mit braten, bis es duftet. Tofu, sonnengetrocknete Tomaten, Hefeflocken und den übrigen ½ TL Salz zugeben. Braten, bis alles durch und durch heiß ist und nach Belieben abschmecken. Basilikum untermischen und, falls gewünscht, mit Avocadoscheiben oder Chiliflocken servieren.

GEGRILLTES CHAMPIGNON-STEAK IN ZITRONEN-PETERSILIE-PESTO

PORTOBELLO GRIGLIATO CON PESTO DI PREZZEMOLO E LIMONE

4 PERSONEN

Die Kunst des Champignon-Steaks liegt ganz und gar in der Sauce. Hier werden die saftigen Champignons durch ein frisches, herbes Zitronen-Petersilie-Pesto zum Leben erweckt! Dieses Gericht sollte zu Getreide, einem Risotto oder auf einem Berg meines Kartoffelpürees mit Knoblauch und Meersalz (Seite 48) serviert werden.

***TIPP ZUR ZUBEREITUNG IM VORAUS:** Das Pesto kann einen Tag im Voraus zubereitet und im Kühlschrank gelagert werden.*

6 Riesen-Champignons, geputzt und in 1,5 cm dicke Streifen geschnitten

60 ml Olivenöl, plus etwas mehr zum Bestreichen

Meersalz

Frisch gemahlener schwarzer Pfeffer

2 EL Wasser

1 EL Zitronensaft

4 EL Kapern, abgetropft

½ Bund frische italienische Petersilie

1 Knoblauchzehe

Einen Grill oder eine Grillpfanne erhitzen.

Die Pilze von beiden Seiten mit Öl bestreichen und mit Salz und Pfeffer würzen. Dann grillen, bis sie weich sind und die hübschen Grillstreifen haben. Nicht vergessen, sie zu wenden und von beiden Seiten zu grillen.

Wasser, Zitronensaft, Kapern, Petersilie und Knoblauch in der Küchenmaschine fast glatt pürieren.

Die Pilze auf einer Servierplatte anrichten und vor dem Servieren mit der Sauce beträufeln.

ITALIENISCHER HACKBRATEN

POLPETTONE

4 PERSONEN

Wenn Sie noch unter den Erinnerungen an tiefgefrorene Hackbratenabendessen vor dem Fernseher leiden, dann werden Sie mit dieser veganen Gourmetversion bestimmt geheilt! Diese herzhafte, leckere Familienmahlzeit macht sich wunderbar neben einer großzügigen Portion Kartoffelpüree mit Knoblauch und Meersalz (Seite 48).

ANMERKUNG: Bevor Sie mit dem Rezept loslegen können, müssen Sie den Reis kochen.

TIPP ZUR ZUBEREITUNG IM VORAUS: Der Reis kann am Tag zuvor gekocht und auch der Rest des Hackbratens kann angerichtet und gebacken oder ungebacken kalt gestellt werden.

2 EL Olivenöl, plus etwas mehr zum Bestreichen

1 Zwiebel, fein gehackt

1 kleine Aubergine, in 1,5 cm große Würfel geschnitten

4 Knoblauchzehen, fein gehackt

1 Dose (400 g) weiße Bohnen, gewaschen und abgetropft

120 g gekochter brauner Reis, warm

1 Tomate, grob gehackt

30 g italienische Semmelbrösel

60 ml Gemüsebrühe

1 ½ TL Meersalz

1 TL frisch gemahlener schwarzer Pfeffer

1 TL getrocknetes Basilikum

1 Dose (225 g) Tomatensauce

2 EL brauner Zucker

Den Backofen auf 175 °C vorheizen. Eine 20 cm große, quadratische Backform mit Öl fetten.

In der Zwischenzeit das Öl in einer großen Pfanne auf mittlerer Flamme erhitzen und Zwiebel und Aubergine darin braten, bis sie weich, bräunlich und die Auberginenwürfel etwas eingeschrumpft sind. Wenn sie an der Pfanne haften, geben Sie etwas Wasser in die Pfanne. Den Knoblauch einrühren und 1 Minute braten, bis es duftet. In eine große Schüssel füllen, dann Bohnen, Reis, Tomate, Semmelbrösel, Gemüsebrühe, Salz, Pfeffer und Basilikum zugeben. Mit einem großen Löffel umrühren und vermengen, bis die Masse gut zusammenhält. Beliebig abschmecken.

In die vorbereitete Backform füllen und mit der Rückseite eines großen Löffels kräftig hineindrücken. Es ist wichtig, dass die Masse sehr gut festgedrückt wird, damit sie während des Backens gut zusammenhält. Tomatensauce und braunen Zucker in einer kleinen Schüssel oder einem Messbecher verrühren. Dann auf den Hackbraten gießen und die Form mit Aluminiumfolie bedecken.

40 Minuten verdeckt backen, dann die Folie abnehmen und weitere 20 Minuten backen. Aus dem Backofen nehmen und vor dem Servieren 10 Minuten abkühlen lassen.

WEISSWEINRISOTTO MIT SHIITAKE UND ERBSEN

RISOTTO AL VINO BIANCO CON FUNGHI SHIITAKE E PISELLI

4 PERSONEN

Dieses samtige, üppige Risotto ist elegant und hat einen beinahe butterzarten Geschmack. Nichts geht über die Kombination aus Erbsen und Pilzen, insbesondere mit einem Schuss Weißwein. Zum Glück muss dieses wunderbare Geschmacksprofil nicht von einem Haufen Käse unterdrückt werden. Ein Bissen und Ihre Risottos bleiben für immer vegan!

1,5 L Gemüsebrühe

3 EL Olivenöl

1 Zwiebel, fein gehackt

225 g Shiitake, geputzt und in Scheiben

2 Knoblauchzehen, fein gehackt

225 g Arborioreis

120 ml trockener Weißwein

60 g gefrorene Erbsen, aufgetaut

4 EL frische italienische Petersilie, gehackt

¾ TL Meersalz

Frisch gemahlener schwarzer Pfeffer

Die Brühe in einem mittelgroßen Topf zum Köcheln bringen und während der restlichen Zubereitung köcheln lassen.

Eine große, antihaftbeschichtete Pfanne auf mittlerer Flamme erhitzen und das Öl zugeben. Die Hitze reduzieren, dann Zwiebel und Pilze weich dünsten. Knoblauch zugeben und 1 weitere Minute braten, bis der Knoblauch duftet. Den Reis zugeben, mit dem Wein ablöschen, umrühren und köcheln lassen, bis der Großteil der Flüssigkeit verkocht ist.

250 ml Brühe einrühren, dann die Hitze reduzieren und die Flüssigkeit köcheln lassen. Häufig umrühren, bis der Großteil der Flüssigkeit vom Reis aufgenommen wurde. Erneut 250 ml Brühe zugeben und unter ständigem Rühren weiterköcheln lassen, bis der Reis zart ist (ungefähr 25 Minuten). Dabei nach und nach je 250 ml Brühe zugeben.

Erbsen, Petersilie und Salz einrühren. Mit Pfeffer würzen und kontinuierlich weiterrühren, bis das Risotto durch und durch heiß ist. Nach Belieben mit mehr Salz abschmecken und servieren.

KÜRBISRISOTTO

RISOTTO ALLA ZUCCA

4 PERSONEN

Dieses Kürbisrisotto ist ein kleiner Trost und ein Grund, über das Ende des Sommers keine Tränen zu vergießen. Schnappen Sie sich eine Dose Bio-Kürbispüree und eine Tüte Arborioreis und voilà: das beste Risotto weit und breit!

1,25 L Gemüsebrühe

3 EL Olivenöl

1 Zwiebel, fein gehackt

1 große Knoblauchzehe, fein gehackt

225 g Arborioreis

245 g Kürbispüree aus der Dose

1 TL Meersalz

1 Messerspitze Muskat

Frisch gemahlener schwarzer Pfeffer

1 EL gehackter frischer Salbei

Die Brühe in einem mittelgroßen Topf zum Köcheln bringen und während der restlichen Zubereitung köcheln lassen.

Eine große, antihaftbeschichtete Pfanne auf mittlerer Flamme erhitzen und das Öl hineingeben. Die Hitze reduzieren und die Zwiebel weich dünsten. Knoblauch zugeben und 1 weitere Minute braten, bis der Knoblauch duftet.

Den Reis und 250 ml Brühe einrühren, dann die Hitze reduzieren und köcheln lassen. Häufig umrühren und köcheln lassen, bis der Großteil der Flüssigkeit vom Reis aufgenommen wurde. Erneut 250 ml Brühe zugeben und unter ständigem Rühren weiterköcheln lassen, bis der Reis zart ist (ungefähr 20 Minuten). Dabei nach und nach je 250 ml Brühe zugeben.

Kürbispüree, Salz und Muskat einrühren. Mit Pfeffer würzen und kontinuierlich weiterrühren, bis das Risotto durch und durch heiß ist. Zum Schluss den Salbei einrühren.

TEMPEH MIT 40 KNOBLAUCHZEHEN

TEMPEH CON 40 SPICCHI DI AGLIO

4 PERSONEN

Sie werden sich wundern, dass Sie mit 40 Knoblauchzehen kochen können und trotzdem ohne Mundgeruch davonkommen! Warum? Weil die Knoblauchzehen in Gemüsebrühe gekocht und geschmort werden, bis sie sehr mild und süß sind. Tempeh, der aus fermentierten Sojabohnen hergestellt wird und sehr eiweißhaltig ist, hat eine köstliche, nussige Konsistenz.

360 ml Gemüsebrühe

2 EL Dijonsenf

2 EL Olivenöl

1 Packung (225 g) Tempeh, dünn geschnitten

40 Knoblauchzehen, geschält und ganz

2 TL frischer Thymian

½ TL Meersalz

Frisch gemahlener schwarzer Pfeffer

Saft von ½ Zitrone

1 EL frische italienische Petersilie, gehackt

1 EL vegane Margarine

Brühe und Senf in einer kleinen Schüssel glatt rühren. Beiseitestellen.

Das Öl auf mittlerer Flamme in einer großen, antihaftbeschichteten Pfanne erhitzen und die Tempehstreifen und Knoblauchzehen hineinlegen. Tempeh und Knoblauchzehen von beiden Seiten ungefähr 5 Minuten schön braun braten. Dabei mit einer Küchenzange oder einem Pfannenwender wenden. Wenn der Tempeh oder der Knoblauch zu braun wird, die Hitze reduzieren.

Die Brühe sehr vorsichtig und langsam in die Pfanne gießen. Thymian und Salz zugeben und mit Pfeffer würzen. Die Hitze reduzieren und die Brühe zu einer dickflüssigen Sauce einkochen lassen (das dauert ungefähr 10 Minuten).

Vom Herd nehmen und den Zitronensaft einrühren. Petersilie und Margarine einrühren, bis die Margarine geschmolzen ist. Zu Kartoffelpüree oder gedünstetem braunem Reis servieren.

ROSMARIN-LINSEN MIT GERÖSTETEN TOMATEN UND KNOBLAUCH-BROCCOLINI

LENTICCHIE AL ROSMARINO CON POMODORI ARROSTITI E BROCCOLINI ALL'AGLIO

6 PERSONEN

Für die Rosmarin-Linsen: Das Öl in einem großen Topf auf mittlerer Flamme erhitzen. Die Zwiebeln hineingeben und braten, bis sie weich und bräunlich sind. Den Knoblauch zugeben und 1 weitere Minute braten, bis es duftet. Currypulver, Rosmarin, Salz, Linsen, Tomaten und Brühe zugeben. Zum Kochen bringen, einen Deckel aufsetzen und ungefähr 40 Minuten köcheln lassen, bis die Linsen weich sind. Zitronensaft und braunen Zucker einrühren.

Für die gerösteten Tomaten: Den Backofen auf 200 °C vorheizen. Die Tomaten mit der angeschnittenen Seite nach oben auf einem großen Backblech ausbreiten und mit Öl beträufeln. Mit Salz, Knoblauch und Thymian würzen. 1 Stunde rösten, dabei gelegentlich auflockern und wenden.

Für den Broccolini: Einen großen Topf mit Salzwasser zum Kochen bringen. Broccolini zugeben und 3 bis 5 Minuten gabelzart kochen. Das Wasser abgießen, den Broccolini in einer großen Schüssel mit Eiswasser abschrecken, dann erneut abgießen und abtropfen lassen. Das Öl in einer großen, antihaftbeschichteten Pfanne auf mittlerer Flamme erhitzen. Dann Broccolini, Knoblauch und Muskat zugeben. Salzen und pfeffern und leicht braun braten.

Zum Servieren: Auf jedem Teller ein paar Stücke Broccolini, geröstete Tomaten und eine Portion Linsen anrichten.

ROSMARIN-LINSEN

1 EL Olivenöl

2 Zwiebeln, fein gehackt

3 Knoblauchzehen, fein gehackt

2 TL mildes Currypulver

1 EL gehackter frischer Rosmarin

2 TL Meersalz

200 g rote oder grüne getrocknete Linsen

1 Dose (800 g) Tomatenstücke

480 ml Gemüsebrühe

1 EL Zitronensaft

1 EL brauner Zucker

GERÖSTETE TOMATEN

4 Roma-Tomaten, halbiert

3 EL Olivenöl

1 TL Meersalz

3 Knoblauchzehen, ungeschält

1 Handvoll frischer Thymian

KNOBLAUCH-BROCCOLINI

1 Bund Broccolini, in 5 cm große Stücke geschnitten

1 EL Olivenöl

2 Knoblauchzehen, fein gehackt

Prise gemahlener Muskat

Meersalz

Frisch gemahlener schwarzer Pfeffer

GEFÜLLTE RIESEN-CHAMPIGNONS MIT THYMIAN UND ROSMARIN-SAUCE*

FUNGHI PORTOBELLO RIPIENI DI TIMO E SUGHETTO AL ROSMARINO

6 PERSONEN

2 EL Olivenöl

1 Zwiebel, fein gehackt

130 g Cashewkerne

4 Knoblauchzehen, fein gehackt

120 g gekochter brauner Reis

1 Dose (425 g) Linsen, gewaschen und abgetropft

4 EL Semmelbrösel

120 ml Gemüsebrühe

1 TL getrocknetes Basilikum

1 EL frischer Thymian, plus etwas mehr zum Garnieren

1 TL Meersalz

1 TL frisch gemahlener schwarzer Pfeffer

6 Riesen-Champignons, Stiele und Lamellen entfernt

1 Tomate, dünn geschnitten

ROSMARIN-SAUCE

2 EL Rapsöl

1 große Zwiebel, grob gehackt

4 EL Hefeflocken

70 g Mehl

480 ml Wasser

3 EL Sojasauce

1 Knoblauchzehe, fein gehackt

1 EL gehackter frischer Rosmarin

Meersalz und frisch gemahlener schwarzer Pfeffer

Den Backofen auf 175 °C vorheizen. Ein mittelgroßes Backblech dünn fetten.

2 EL Öl in einer großen Pfanne auf mittlerer Flamme erhitzen. Zwiebel und Cashewkerne zugeben und braten, bis die Zwiebel weich und bräunlich ist. Knoblauch zugeben und ein paar Minuten mitbraten, bis es duftet.

Die Zwiebelmischung, braunen Reis, Linsen, Semmelbrösel, Brühe, Basilikum, Thymian, Salz und Pfeffer in einer großen Schüssel vermengen.

Die Pilze von beiden Seiten mit Öl bestreichen und mit Salz und Pfeffer würzen. Mit der offenen Seite nach oben auf das Backblech setzen. Die Pilze mit der Linsenmischung füllen, dann je 1 Tomatenscheibe auf die Füllung drücken.

Ungefähr 30 Minuten backen, bis die Füllung braun ist und die Pilze gar sind. Mit zusätzlichem Thymian garnieren und mit der Rosmarin-Sauce servieren.

Für die Rosmarin-Sauce: Das Öl in einem mittelgroßen Topf auf mittlerer Flamme erhitzen und die Zwiebel darin weich dünsten. Hefeflocken und Mehl zugeben und ungefähr 2 Minuten lang rühren. Die Mischung ist sehr trocken. Dann Wasser, Sojasauce, Knoblauch und Rosmarin zugeben. Unter ständigem Rühren köcheln lassen, bis die Sauce sehr dickflüssig ist. In einen Mixer gießen und glatt pürieren. Beliebig abschmecken.

WILDPILZ-FARRO MIT ZITRONE, MINZE UND ARTISCHOCKEN*

FARRO AI FUNGHI SELVATICI CON LIMONE, MENTA E CARCIOFI

4 PERSONEN ALS HAUPTSPEISE; 6 BIS 8 PERSONEN ALS BEILAGE

Farro ist ein nahrhaftes Vollkorn-Urgetreide ähnlich Gerste mit einem weichen Biss. Wenn Sie keinen Farro haben, geht stattdessen brauner Reis ebenfalls. Die Zutaten für dieses Rezept werden etwas günstiger, wenn Sie nur braune oder weiße Champignons verwenden. Dieses aromatische und erfrischende Rezept macht sich perfekt als Sommerbeilage oder -hauptspeise.

3 EL Olivenöl

340 bis 450 g gemischte Pilze (Shiitake, braune Champignons, Austernpilze etc.), in Scheiben

Meersalz

Frisch gemahlener schwarzer Pfeffer

1 Dose (400 g) Artischockenherzen, abgetropft und grob gehackt

1 Knoblauchzehe, fein gehackt

60 ml Weißwein

60 ml Gemüsebrühe

375 g gekochter Farro

2 EL fein gehackte frische Minze

Schale von 1 Zitrone

2 EL Öl in einer großen Pfanne auf mittlerer Flamme erhitzen und die Pilze hineingeben. Mit Salz und Pfeffer würzen und braten, bis sie weich und bräunlich sind. Die Artischockenherzen zugeben und ein paar Minuten mitbraten. Knoblauch zugeben und 1 weitere Minute braten, bis der Knoblauch duftet.

Mit dem Wein ablöschen und köcheln lassen, bis die Flüssigkeit fast verkocht ist. Dann Brühe und Farro zugeben und erneut salzen und pfeffern. In der Pfanne köcheln lassen, bis alles durch und durch heiß ist und der Großteil der Flüssigkeit aufgenommen wurde.

Vom Herd nehmen und Minze und Zitronenschale untermischen. Mit dem übrigen 1 EL Öl beträufeln und servieren.

DESSERTS

(DOLCI)

Die Nachspeise, der meiner Meinung nach beste Teil einer jeden Mahlzeit! Klassische italienische Dessertrezepte sind alles andere als vegan, denn sie enthalten viel Sahne, Eier, Sahne und – falls ich vergessen hatte, sie zu erwähnen – Sahne! Daher habe ich mit meinen Lieblingsaromen und -zutaten italienischer Desserts (Espresso, dunkle Schokolade, Zitrone, Rosmarin, Thymian, Kirsche, Mandeln und so weiter) rein vegane Rezepte entwickelt, die einfach zuzubereiten und genauso sündhaft lecker sind wie die Klassiker (aber ohne Sahne!).

MANDEL-BISCOTTI MIT SCHOKOLADENGLASUR

CANTUCCI ALLE MANDORLE RICOPERTI DI CIOCCOLATO

8 GROSSE BISCOTTI

Als ich meinen Kochkurs am Natural Gourmet Institute absolvierte, bekamen wir als Teil unseres Backmoduls die Aufgabe, Biscotti zuzubereiten. Während alle anderen Teilnehmer Rezepte für „Sesam-Anis-" oder „normale" Biscotti befolgten, rebellierte ich und mischte Orangenschale unter und dippte meine Biscotti in Schokolade, bevor ich sie in gerösteten Mandeln wälzte. Alle Teilnehmer und Lehrer konnten gar nicht genug bekommen – und jetzt gehört auch Ihnen dieses Rezept für immer!

BISCOTTI

100 g blanchierte Mandelstifte oder -blättchen

70 g Mehl*

¼ TL Backpulver

¼ TL Salz

2 EL vegane Margarine oder Kokosöl, zerlassen

60 ml Ahornsirup

½ TL Vanilleextrakt

1 TL Orangenschale

BELAG

200 g dunkle Schokoladendrops (milchfrei), geschmolzen

120 g fein gehackte geröstete Mandeln

*Um das Rezept glutenfrei zuzubereiten, verwenden Sie glutenfreies Mehl plus ⅛ TL Xanthan (siehe Seite 258).

Den Backofen auf 175 °C vorheizen. Ein Backblech mit Backpapier auslegen.

Mandeln, Mehl, Backpulver und Salz in die Küchenmaschine geben und zu einem feinen Mehl verarbeiten. Die zerlassene Margarine, Ahornsirup, Vanilleextrakt und Orangenschale zugeben und erneut kurz pürieren, bis alles gerade gut vermengt ist. Nicht zu lange pürieren. Der Teig soll sehr nass und klebrig sein.

Den Teig auf dem vorbereiteten Backblech in zwei Hälften teilen und beide Hälften zu ungefähr 5 × 10 cm großen, 2,5 cm dicken Rechtecken formen. Wenn der Teig zum Formen zu weich ist, stellen Sie ihn im Kühlschrank kalt, bis Sie ihn gut verarbeiten können. Tauchen Sie Ihre Finger in etwas kaltes Wasser, damit der Teig nicht festklebt.

15 Minuten backen, bis die Rechtecke goldgelb sind. Dann 20 bis 25 Minuten abkühlen lassen.

Die Backofentemperatur auf 150 °C senken.

Die Rechtecke mit einem scharfen Messer der Länge nach in 1,5 cm dicke Scheiben schneiden. Die Scheiben flach aufs Backblech legen, wieder in den Ofen schieben und erneut 30 Minuten goldbraun backen. Vollständig abkühlen lassen.

Wenn die Biscotti vollständig abgekühlt sind, zur Hälfte in die geschmolzene Schokolade tauchen und anschließend in den Mandeln wälzen. Kalt stellen, bis der Schokoladenmantel fest geworden ist. Bis zum Servieren im Kühlschrank lagern.

ITALIENISCHE HOCHZEITSKEKSE

BISCOTTI DA RICEVIMENTO MATRIMONIALE

UNGEFÄHR 24 KEKSE

Diese zarten, buttrigen Kekse lassen mein Herz dahinschmelzen, denn sie zerschmelzen auf der Zunge. Sie machen sich großartig auf dem Hochzeitsbuffet, sind aber noch besser für die Tage geeignet, an denen Sie in Fantasien Ihrer eigenen, zukünftigen Hochzeit schwelgen!

70 g blanchierte Mandelstifte oder -blättchen

220 g vegane Margarine

200 g Mehl*

55 g Puderzucker, plus etwas mehr zum Bestäuben

1 TL Mandel- oder Vanilleextrakt

¼ TL Salz

***Um das Rezept glutenfrei zuzubereiten, verwenden Sie glutenfreies Mehl plus ¼ TL Xanthan (siehe Seite 258).**

Den Backofen auf 175 °C vorheizen. Zwei oder drei große Backbleche mit Backpapier auslegen.

Die Mandeln in der Küchenmaschine sehr fein mahlen. Margarine, Mehl, 55 g Puderzucker, Mandelextrakt und Salz zugeben und pürieren, bis der Teig gut zusammenhält; dabei gelegentlich die Masse von den Rändern nach unten streichen. In eine Schüssel füllen und mit einem Eisportionierer jeweils 1 gehäuften Esslöffel Teig abstechen und mit ungefähr 5 cm Abstand auf die vorbereiteten Backbleche legen. 12 bis 15 Minuten backen, bis die Kekse an den Rändern goldgelb werden. Aus dem Backofen nehmen und den Puderzucker durch ein Sieb auf die heißen Kekse streuen. Abkühlen lassen und vor dem Servieren erneut mit Puderzucker bestäuben.

LA BUONA CUCINA RENDE ALLEGRI.

(GUTE KÜCHE MACHT GLÜCKLICH.)

FLORENTINER-RIEGEL

BARRETTE ALLA FIORENTINA

32 (5 CM GROSSE) RIEGEL

Dies ist das Geheimrezept meiner Mom für Mandel-Florentiner mit Schokoladenglasur. Andere Kinder vertilgten Oreos, doch mein Bruder und ich hatten diese Kekse in der Brotdose, denn sie waren unsere Lieblingskekse. Ob in der Brotdose oder bei einer Dinnerparty – diese dekadenten Riegel sind traumhaft und köstlich.

TEIG

100 g plus 2 EL vegane Margarine

65 g Zucker

¼ TL Salz

200 g Mehl

½ TL Vanilleextrakt

MANDELBELAG

100 g vegane Margarine

65 g Zucker

120 ml Soja-, Mandel- oder Reismilch

3 EL Agavendicksaft

200 g Mandelblättchen

4 EL Mehl

SCHOKOLADENGLASUR

200 g dunkle Schokoladendrops (milchfrei)

Den Backofen auf 175 °C vorheizen. Eine 23 × 33 cm große Backform gut fetten.

Für den Teig: Alle Zutaten in die Küchenmaschine geben und ungefähr 20-mal mit der Pulse-Funktion zu einem feinen Mehl zerkleinern. Den Teig in der vorbereiteten Form verteilen und gut flach drücken. 10 Minuten vorbacken. Der Teig sollte jetzt gerade goldgelb sein und sich trocken anfühlen.

Für den Mandelbelag: Margarine, Zucker, vegane Milch und Agavendicksaft in einen mittelgroßen Topf geben. Bei mittlerer Hitze zum Kochen bringen und 10 Minuten kochen lassen. Dabei gut beobachten und die Hitze anpassen, damit die Milch nicht überkocht. Nach 10 Minuten vom Herd nehmen, Mandeln und Mehl zugeben und schnell umrühren.

Die Füllung vorsichtig auf dem vorgebackenen Teig verteilen, dann wieder in den Backofen schieben und weitere 18 bis 20 Minuten backen, bis die Mandeln goldbraun sind. Der Belag wird beim Abkühlen fest. Vollständig abkühlen lassen, dann in kleine Rechtecke schneiden.

Für die Schokoladenglasur: Die Schokoladendrops im Wasserbad oder der Mikrowelle schmelzen. Die Riegel in die geschmolzene Schokolade tauchen oder damit beträufeln.

Kalt stellen, bis die Glasur fest ist.

SCHOKOLADEN-CROSTINI MIT MEERSALZ UND ORANGENSCHALE

CROSTINI DI CIOCCOLATO FONDENTE CON SALE MARINO E SCORZE D'ARANCIA

6 BIS 8 PERSONEN

Dieses neumodische Dessert können Sie schnell noch nach dem Abendessen zubereiten, wenn Sie Baguette und Schokoladendrops im Haus haben. Es ist so einfach, aber Gäste halten es immer für ein Gourmetdessert. Kids lieben es auch und haben am Ende meistens das Gesicht voll Schokolade.

Für die Crostinis: Den Backofen auf 220 °C vorheizen.

Die Brotscheiben auf ein großes Backblech legen und dünn mit Öl bestreichen. 5 bis 8 Minuten backen, bis die Oberfläche bräunlich geworden ist.

Die Crostini sofort mit Schokoladenstückchen belegen, den Backofen ausschalten und die Crostini für 1 weitere Minute in den Ofen schieben, bis die Schokolade streichfähig ist. Aus dem Ofen nehmen und die Schokolade mit einer kleinen Winkelpalette oder einem Messer glätten. Mit Salz und Orangenschale bestreuen.

1 dünnes Baguette, schräg in 5 mm dünne Scheiben geschnitten

Olivenöl zum Bestreichen

200 g gehackte dunkle Schokolade oder Schokoladendrops (milchfrei), geschmolzen

Fleur de sel oder grobes Salz, zum Streuen

1 kleine Orange, für die Schale

OLIVENÖL-PFANNKUCHEN

FRITTELLE ALL'OLIO DI OLIVA

2 BIS 3 PERSONEN

Dieses Rezept ist so simpel und doch so himmlisch. Servieren Sie es mit frischen Beeren, beträufelt mit Olivenöl oder Ahornsirup. Sie könnten sogar ein paar Stücke dunkle Schokolade untermischen.

120 g Mehl*

1 EL Backpulver

½ TL Salz

180 ml Wasser

3 EL Ahornsirup, plus etwas mehr zum Servieren

Olivenöl

*Um das Rezept glutenfrei zuzubereiten, verwenden Sie glutenfreies Mehl plus ½ TL Xanthan (siehe Seite 258).

Mehl, Backpulver und Salz in einer mittelgroßen Schüssel vermischen. Wasser und Ahornsirup in einer zweiten kleinen Schüssel oder einem Messbecher verquirlen. Die flüssigen Zutaten zu der Mehlmischung geben und ein paar Mal umrühren. Nicht glatt rühren; der Teig sollte noch Klümpchen haben.

Eine große, antihaftbeschichtete Pfanne oder Grillpfanne mit Öl beträufeln und auf mittlerer Flamme erhitzen. Pro Pfannkuchen 60 ml Teig in die Pfanne gießen. Sobald sich in der Mitte des Pfannkuchens Bläschen bilden, ist es Zeit, ihn zu wenden. Dann von der anderen Seite 1 weitere Minute braten, bis er bräunlich und gut durchgebacken ist. Mit dem übrigen Teig genauso verfahren; nach Bedarf mehr Öl in die Pfanne gießen. Die Pfannkuchen mit warmem Ahornsirup oder etwas Olivenöl servieren.

ORANGEN-PFANNKUCHEN

FRITTELLE ALLA MARMELLATA D'ARANCIA

2 BIS 3 PERSONEN

Orangenmarmelade macht aus gewöhnlichen Pfannkuchen ein Gewinnerfrühstück. Wundern Sie sich nicht über die große Menge Backpulver – man schmeckt es nicht in den Pfannkuchen, aber es bindet den Teig und macht ihn superleicht und fluffig!

120 g Mehl*

1 EL Backpulver

½ TL Salz

180 ml Wasser

3 EL Ahornsirup

4 EL Orangenmarmelade, plus etwas extra zum Servieren

4 EL dunkle Schokoladendrops (milchfrei)

Rapsöl

Puderzucker zum Servieren

*Um das Rezept glutenfrei zuzubereiten, verwenden Sie glutenfreies Mehl plus ½ TL Xanthan (siehe Seite 258).

Mehl, Backpulver und Salz in einer großen Schüssel vermischen. Wasser und Ahornsirup in einer zweiten kleinen Schüssel oder einem Messbecher verquirlen. Die flüssigen Zutaten zu der Mehlmischung geben und ein paarmal umrühren. Nicht glatt rühren; der Teig sollte dickflüssig sein und noch Klümpchen haben. Die Marmelade und Schokoladendrops vorsichtig unterheben.

Eine große, antihaftbeschichtete Pfanne oder Grillpfanne dünn fetten und auf mittlerer Stufe erhitzen. Pro Pfannkuchen 60 ml Teig in die Pfanne gießen. Die Hitze nach Bedarf anpassen. Sobald sich in der Mitte des Pfannkuchens Bläschen bilden, ist es Zeit, ihn zu wenden. Dann von der anderen Seite 1 weitere Minute braten, bis er bräunlich und gut durchgebacken ist. Mit dem übrigen Teig genauso verfahren; nach Bedarf mehr Öl in die Pfanne gießen. Wenn der Teig zu dick wird, nach Bedarf esslöffelweise mehr Wasser zugeben. Die Pfannkuchen mit Puderzucker bestäuben und mit einem Klecks Marmelade servieren.

ORANGEN-SCONES MIT SCHOKOLADENDROPS

FOCACCINE CON LE SCORZE D'ARANCIA E GOCCE DI CIOCCOLATO

8 SCONES

Früher dachte ich bei Scones immer an das trocken aussehende, abgestandene Gebäck, das sich in den Backwarenregalen der örtlichen Kaffeestuben stapelte. Bäh. Als wir in der Kochschule dann Scones zubereiten sollten, war mir klar, dass ich mehr aus ihnen herausholen musste. Diese Scones sind innen saftig und zart, oben knusprig mit Zucker überzogen. Sie verführen mit einem Hauch von Orangenschale, einer Prise Zimt und köstlichen dunklen Schokoladendrops. Sie sind einfach unwiderstehlich!

240 g Mehl*, plus etwas mehr für die Arbeitsfläche

30 g Zucker, plus etwas mehr zum Streuen

1 EL Backpulver

½ TL Salz

½ TL gemahlener Zimt

4 EL vegane Margarine oder raffiniertes Kokosöl

120 ml Soja-, Mandel- oder Reismilch, plus etwas mehr zum Bestreichen

2 EL frisch gepresster Orangensaft

Schale von 1 mittelgroßen Orange

110 g dunkle Schokoladendrops (milchfrei)

*Um das Rezept glutenfrei zuzubereiten, verwenden Sie glutenfreies Mehl plus 1 ½ TL Xanthan (siehe Seite 258).

Den Backofen auf 190 °C vorheizen. Ein großes Backblech mit Backpapier auslegen.

Der Teig kann von Hand oder in der Küchenmaschine zubereitet werden.

Von Hand: Mehl, Zucker, Backpulver, Salz und Zimt in einer mittelgroßen Schüssel vermischen. Die Margarine zugeben und mit einem Teigmischer in die Mehlmischung einarbeiten, bis ein krümeliger Teig entsteht. Vegane Milch, Orangensaft und -schale und die Schokoladendrops zugeben und mit einem Holzlöffel untermischen. Nicht glatt rühren; der Teig soll klebrig und nass sein.

Küchenmaschine: Mehl, Zucker, Backpulver, Salz und Zimt in der Küchenmaschine vermischen. Die Margarine zugeben und mit der Pulse-Funktion zu einer krümeligen Mischung verarbeiten. Vegane Milch, Orangensaft und -schale zugeben und erneut stoßartig pürieren, sodass ein klebriger, nasser Teig entsteht. Nicht glatt pürieren. In eine Schüssel gießen und die Schokoladendrops unterheben.

Anschließend auf eine dünn mit Mehl bestäubte Arbeitsfläche stürzen und die Oberseite großzügig mit Mehl bedecken. Den Teig zu einer runden (ungefähr 2,5 cm dicken) Scheibe formen. Mit einem scharfen Messer den Teig (wie eine Pizza) in 8 dreieckige Stücke schneiden. Die Dreiecke mit 5 cm Abstand auf das vorbereitete Backblech legen. Mit veganer Milch bestreichen und großzügig mit Zucker bestreuen. Ungefähr 15 Minuten goldbraun backen. Abkühlen lassen und servieren.

CHLOES „NUTELLA“-ZIMTSCHNECKEN

GIRELLE DI NUTELLA AROMATIZZATE ALLA CANNELLA

12 ZIMTSCHNECKEN

Der Titel sagt Ihnen alles, was Sie wissen müssen. Heiße Zimtschnecken, durchzogen von einem hausgemachten, von Nutella inspirierten Mandelaufstrich. Ich kann ungefähr 3 ½ davon am Stück vertilgen – wie steht's mit Ihnen?

TIPP ZUR ZUBEREITUNG IM VORAUS: *Nach dem Gehen können die ungebackenen Zimtschnecken in der Form mit Frischhaltefolie bedeckt und über Nacht kalt gestellt werden. Am nächsten Tag die Frischhaltefolie entfernen und nach den Anweisungen im Rezept aufbacken.*

Bereiten Sie zuallererst Chloes veganen „Nutella"-Aufstrich zu (Seite 247).

Für den Teig: Vegane Milch, 65 g Zucker, Margarine und Salz in einem kleinen Topf verrühren und auf niedriger Flamme erhitzen. Vom Herd nehmen und die Vanille einrühren. Abkühlen lassen, bis sich die Flüssigkeit nur noch warm anfühlt; sie sollte ungefähr 43 °C haben.

Während die Milchmischung abkühlt, das warme Wasser, den übrigen 1 EL Zucker und die Hefe in einen kleinen Messbecher aus Glas geben. Kurz umrühren, dann für ungefähr 10 Minuten beiseitestellen. Die Hefe schäumt auf und verdoppelt ihr Volumen. Sollte das nicht geschehen, ist die Hefe nicht mehr aktiv oder das Wasser hatte nicht die richtige Temperatur. Dann müssen Sie, bevor Sie mit dem nächsten Schritt fortfahren, die Hefe erneut ansetzen.

Die Milchmischung und die Hefemischung in eine mit dem Rührbesen oder Rührhaken ausgestatteten Küchenmaschine geben und auf mittlerer Geschwindigkeitsstufe ungefähr 1 Minute lang aufschlagen. Auf niedrige Geschwindigkeit schalten, dann 300 g Mehl zugeben. Erneut schlagen, bis alles vermischt ist, dann die übrigen 300 g Mehl zugeben. Noch einmal 2 Minuten mixen. Den Teig aus der Schüssel nehmen; er sollte leicht nass und klebrig sein. Auf eine mit Mehl bestäubte Arbeitsfläche geben und ungefähr 2 Minuten mit den Händen kneten, bis der Teig weich und geschmeidig ist. Sie können mehr Mehl zugeben, um zu verhindern, dass Ihnen der Teig an den Händen klebt.

TEIG

240 ml Soja-, Mandel- oder Reismilch

65 g plus 1 EL Zucker

100 g vegane Margarine

½ TL Salz

1 TL Vanilleextrakt

120 ml warmes Wasser, ungefähr 43 °C

1 Packung aktive Trockenhefe (2 ¼ TL)

600 g Mehl*, plus etwas mehr zum Ausrollen

Rapsöl zum Fetten

FÜLLUNG

100 g brauner Zucker

2 TL gemahlener Zimt

4 EL vegane Margarine, zerlassen

Veganer „Nutella"-Aufstrich (Seite 247)

GLASUR

270 g Puderzucker

4 EL Wasser

*Um das Rezept glutenfrei zuzubereiten, verwenden Sie gluten-freies Mehl plus 2 EL Xanthan (Seite 258). Wenn der Teig zu trocken wirkt, esslöffelweise mehr Wasser zugeben, bis der Teig geschmeidiger wird.

Anschließend in eine große, gut gefettete Schüssel geben. Mit einem trockenen Küchentuch bedecken und an einen warmen Ort in der Küche stellen. Ruhen lassen, bis sich das Volumen des Teigs verdoppelt hat; das dauert ungefähr 1 ½ Stunden (siehe Tipp unten).

Das Küchentuch abnehmen und den Teig kräftig mit der Faust abschlagen. Dann den Teig aus der Schüssel nehmen und auf eine mit Mehl bestäubte Arbeitsfläche legen, mit einem Küchentuch bedecken und ungefähr 10 Minuten ruhen lassen.

Für die Füllung: Eine 23 × 33 cm große Backform dünn fetten.

Den Teig auf einer dünn mit Mehl bestäubten Arbeitsfläche zu einem ungefähr 50 × 30 cm großen Rechteck ausrollen. Den braunen Zucker in einer kleinen Schüssel mit dem Zimt vermischen. Die gesamte Teigoberfläche mit der zerlassenen Margarine bestreichen, dann gleichmäßig mit der Zucker-Zimt-Mischung bestreuen. Einige Löffel veganen Nutella-Aufstrich auf der Oberfläche des Teigs verteilen.

Aufrollen und backen: Dann die lange Seite des Teigs gleichmäßig aufrollen. Mit der Naht nach unten legen und mit einem scharfen Messer halbieren. Beide Hälften in je 6 gleich große Stücke schneiden; Sie sollten 12 Zimtschnecken haben. Die Zimtschnecken mit der angeschnittenen Seite nach oben in 4 Reihen mit je 3 Zimtschnecken mit etwas Abstand in die vorbereitete Backform legen. Mit einem trockenen Küchentuch bedecken, an einen warmen Ort in der Küche stellen und ein zweites Mal ungefähr 1 Stunde lang aufgehen lassen, bis sich die Zimtschnecken ausgedehnt haben.

Wenn der Teig aufgegangen ist, den Backofen auf 190 °C vorheizen. Unbedeckt 20 bis 25 Minuten backen, bis die Zimtschnecken oben bräunlich werden. Vor dem Glasieren ungefähr 10 Minuten abkühlen lassen.

Für die Glasur: Den Puderzucker mit dem Wasser glatt rühren.

Die Glasur auf die Zimtschnecken träufeln. Warm oder bei Zimmertemperatur servieren.

CHLOES TIPP: TEIG GEHEN LASSEN

Wenn es in Ihrer Küche eher kalt ist, können Sie mit diesem Trick eine warme Umgebung schaffen, um Ihren Teig aufgehen zu lassen. Den Backofen auf 90 °C erhitzen, dann ausschalten. Die zugedeckte Schüssel mit dem Teig in den Ofen stellen, bis sich das Volumen des Teigs verdoppelt hat.

ROSMARIN-ZITRONE-SHORTBREAD-KEKSE

FROLLINI AL LIMONE E ROSMARINO

25 KLEINE QUADRATE

Zartes, buttriges Shortbread-Gebäck mit einem Hauch von Rosmarin und Zitronenschale. Es besteht kein Grund, sich diese Kekse nicht zum Frühstück, Mittagessen und Abendessen zu gönnen.

- **200 g Mehl***
- **55 g Puderzucker**
- **¼ TL Salz**
- **1 EL gehackter frischer Rosmarin**
- **4 EL Zitronenschale (von ungefähr 4 Zitronen)**
- **135 g vegane Margarine**

Den Backofen auf 175 °C vorheizen. Eine 20 cm große, quadratische Backform dünn fetten und so mit Backpapier auslegen, dass es über den Rand der Form hängt.

Mehl, Zucker, Salz, Rosmarin und Zitronenschale in der Küchenmaschine vermischen. Die Margarine zugeben und alles mit der Pulse-Funktion zu einem krümeligen Teig vermischen. Den Teig kräftig in die vorbereitete Form pressen und die Oberfläche glatt drücken. 20 bis 22 Minuten backen, bis die Ränder gerade beginnen, bräunlich zu werden. In der Form abkühlen lassen.

Wenn der Teig abgekühlt ist, mit dem Backpapier aus der Form heben. Mit einem scharfen Messer in 25 Quadrate schneiden.

*Um das Rezept glutenfrei zuzubereiten, verwenden Sie glutenfreies Mehl plus ¼ TL Xanthan (siehe Seite 258).

SCHOKO-KIRSCH-KAFFEEKUCHEN*

TORTA AL CAFFÈ CON CIOCCOLATO E CILIEGIE

6 BIS 8 PERSONEN

Dieser Kaffeekuchen ist supersaftig und der knusprige Streuselbelag zerschmilzt ihnen auf der Zunge. Er ist nicht nur wunderbar zum Frühstück oder Brunch; ich serviere ihn auch gerne als Dessert bei Dinnerpartys! Wundern Sie sich nicht über den dicken Krümelbelag – er macht diesen Kaffeekuchen außergewöhnlich gut.

***TIPP ZUR ZUBEREITUNG IM VORAUS:** Der Kuchenteig und die Streusel können in der Kuchenform mit Frischhaltefolie bedeckt über Nacht im Kühlschrank gelagert werden. Dann morgens frisch aufbacken.*

BELAG

- 150 g Mehl*
- 30 g Zucker
- 50 g brauner Zucker
- 2 TL gemahlener Zimt
- ¼ TL Salz
- 100 g vegane Margarine, zerlassen

KUCHEN

- 120 g Mehl*
- 4 EL Zucker
- 4 EL brauner Zucker
- ½ TL Backnatron
- ½ TL Backpulver
- ¼ TL Salz
- 120 ml Soja-, Mandel- oder Reismilch
- 60 ml Rapsöl
- 2 TL weißer oder Apfelessig
- 1 TL Mandelextrakt
- 125 g Kirschen, frisch oder gefroren
- 85 g dunkle Schokoladendrops (milchfrei)
- Puderzucker zum Servieren

Für den Belag: Mehl, Zucker, braunen Zucker, Zimt und Salz in einer mittelgroßen Schüssel vermischen. Die Margarine zugeben und mit zwei Gabeln in die Mehlmischung einarbeiten, als würden Sie einen Salat mischen, bis der Teig krümelig ist. Die Streusel sollten recht klumpig sein und ungefähr die Größe von Erbsen haben.

Für den Kuchen: Den Backofen auf 175 °C vorheizen. Eine 23 cm große runde oder quadratische Kuchenform dünn fetten.

Mehl, Zucker, braunen Zucker, Backnatron, Backpulver und Salz in einer großen Schüssel vermischen. Vegane Milch, Öl, Essig und Mandelextrakt in einer zweiten Schüssel verquirlen. Die flüssigen Zutaten zu den trockenen gießen und ein paarmal umrühren, um alles gerade zu vermischen, aber nicht glatt rühren. Dann die Kirschen und Schokoladendrops vorsichtig unterheben.

Den Teig in die vorbereitete Form gießen und mit den Streuseln bedecken. Dabei hier und da ein paar Streusel zu größeren Klumpen zusammendrücken. 45 bis 50 Minuten backen; der Kuchen ist fertig, wenn Sie einen Zahnstocher in die Mitte stechen und beim Herausziehen nur ein paar Krümel daran haften. Abkühlen lassen und anschneiden. Vor dem Servieren mit Puderzucker bestäuben.

***Um den Kuchen glutenfrei zuzubereiten, verwenden Sie gluten-freies Mehl plus ½ TL Xanthan (siehe Seite 258). Um die Streusel glutenfrei zuzubereiten, verwenden Sie gluten-freies Mehl plus ½ TL Xanthan (siehe Seite 258).**

ZUCCHINI-MUFFINS MIT SCHOKOLADENDROPS

MUFFINS DI ZUCCHINE CON GOCCE DI CIOCCOLATO

UNGEFÄHR 16 MUFFINS

Diese perfekten kleinen Muffins sind zu jeder Tageszeit ein Renner. Dank der Zucchinis wird die Schokolade supersaftig und reichhaltig – die perfekte Art und Weise, den Kindern (oder den Erwachsenen) etwas Gemüse unterzujubeln.

TIPP ZUR ZUBEREITUNG IM VORAUS: Die Muffins können im Voraus zubereitet und bis zu 1 Monat tiefgekühlt gelagert werden. Vor dem Servieren auftauen lassen und mit Puderzucker bestäuben.

Den Backofen auf 175 °C vorheizen. Zwei Muffinformen für je 12 Muffins mit 16 Papierförmchen auslegen.

Mehl, Zucker, Kakaopulver, Backnatron und Salz in einer großen Schüssel vermischen. Wasser, Öl, Essig und Vanilleextrakt in einer zweiten Schüssel verquirlen. Die flüssigen Zutaten zu den trockenen gießen und ein paarmal umrühren, um alles gerade zu vermischen, aber nicht glatt rühren. Dann die Zucchiniraspel und Schokoladendrops unterheben.

Die Muffinförmchen zu ungefähr zwei Dritteln mit dem Teig füllen. Ungefähr 20 Minuten backen; die Muffins sind fertig, wenn Sie einen Zahnstocher in die Mitte stechen und beim Herausziehen nur ein paar Krümel daran haften. Vollständig abkühlen lassen.

Die Muffins mit Puderzucker bestäuben und servieren.

200 g Mehl*

170 g Zucker

45 g ungesüßtes Kakaopulver

1 TL Backnatron

½ TL Salz

180 ml Wasser

120 ml Rapsöl

2 EL weißer oder Apfelessig 1 EL Vanilleextrakt

200 g fein geraspelte Zucchini (entspricht ungefähr 2 Zucchinis), mit Papiertüchern trocken getupft (siehe Tipp unten)

85 g dunkle Schokoladendrops (milchfrei)

Puderzucker zum Servieren

*Um das Rezept glutenfrei zuzubereiten, verwenden Sie glutenfreies Mehl plus ¾ TL Xanthan (siehe Seite 258).

CHLOES TIPP:

Die Zucchinis quer halbieren und die runden, angeschnittenen Seiten raspeln. So bekommen Sie kurze Streifen.

BANANEN-KAFFEE-CUPCAKES*

PASTICCINI DI CAFFÈ E BANANA

18 CUPCAKES

Ich habe diese Cupcakes mit meinen Kochpraktikanten zubereitet – sie waren völlig verrückt nach ihnen. Manche von ihnen sagten, sie hätten nie bessere Cupcakes gegessen – vegan oder nicht vegan! Diese Bananen-Cupcakes sind saftig, mit Schokoladendrops durchzogen und mild gewürzt – perfekt abgerundet mit einem seidigen Cappuccino-Zuckerguss.

TIPP ZUR ZUBEREITUNG IM VORAUS: Die Cupcakes können im Voraus zubereitet und ohne Glasur bis zu 1 Monat tiefgekühlt gelagert werden. Vor dem Servieren auftauen lassen und mit dem Guss überziehen.

BANANEN-CUPCAKES

240 g Mehl*

170 g Zucker

1 TL Backpulver

½ TL Backnatron

1 TL Salz

½ TL gemahlener Zimt

½ TL gemahlener Muskat

½ TL gemahlene Gewürznelken

½ TL gemahlener Ingwer

235 g zerstampfte Bananen (ungefähr 2 sehr reife Bananen)

240 ml Kokosmilch aus der Dose, vor dem Abmessen gut verrühren

120 ml Rapsöl

1 EL weißer oder Apfelessig

1 EL Vanilleextrakt

285 g dunkle Schokoladendrops (milchfrei)

KAFFEE-GLASUR

250 ml ungehärtetes pflanzliches Backfett

400 g Puderzucker

1 TL Vanilleextrakt

2 EL Instant-Espresso-Pulver, in 2 EL Wasser aufgelöst

*Um das Rezept glutenfrei zuzubereiten, verwenden Sie glutenfreies Mehl plus 1 TL Xanthan (siehe Seite 258).

Für die Cupcakes: Den Backofen auf 175 °C vorheizen. Zwei Muffinformen für jeweils 12 Muffins mit 18 Papierförmchen auslegen.

Mehl, Zucker, Backpulver, Backnatron, Salz, Zimt, Muskat, Gewürznelken und Ingwer in einer großen Schüssel vermischen. Bananen, Kokosmilch, Öl, Essig und Vanilleextrakt in einer zweiten Schüssel vermischen. Die flüssigen Zutaten zu den trockenen gießen und ein paar Mal umrühren, um alles gerade zu vermischen, aber nicht glatt rühren. Sachte die Schokoladendrops unterheben.

Die Papierförmchen zu ungefähr zwei Dritteln mit dem Teig füllen. 18 bis 20 Minuten backen; die Cupcakes sind fertig, wenn Sie einen Zahnstocher in die Mitte stechen und beim Herausziehen nur ein paar Krümel daran haften. Bevor Sie sie mit der Glasur überziehen, die Cupcakes vollständig abkühlen lassen.

Für die Glasur: Das Backfett mit einem Handmixer oder in der Küchenmaschine aufschlagen. Den Mixer auf niedriger Stufe laufen lassen und nach und nach den Puderzucker und den Vanilleextrakt zugeben und untermischen. Nach Bedarf esslöffelweise den Espresso zugeben, bis die Glasur die gewünschte Konsistenz und den gewünschten Espresso-Geschmack hat. Es kann sein, dass Sie weniger Espresso benötigen als angegeben. Auf hoher Stufe 2 Minuten leicht und fluffig schlagen.

Die Cupcakes überziehen: Jeden Cupcake mit einer Schicht Glasur überziehen.

ZITRONEN-THYMIAN-CUPCAKES

PASTICCINI DI LIMONE E TIMO

UNGEFÄHR 15 CUPCAKES

Diese Cupcakes sind leicht und fluffig und haben einen unterschwelligen Zitrus-Kräuter-Geschmack. Sie überzeugen jeden, der von sich glaubt, für Nachspeisen „nicht viel übrig zu haben".

ANMERKUNG: *Die mit der Glasur überzogenen Cupcakes sollten bis zum Servieren im Kühlschrank gelagert werden.*

- 240 g Mehl*
- 1 TL Backnatron
- 1 TL Backpulver
- ½ TL Salz
- 120 ml Rapsöl
- 180 ml Ahornsirup
- 180 ml Wasser
- 60 ml Zitronensaft
- 2 EL Zitronenschale, plus etwas mehr zum Garnieren (ungefähr 3 Zitronen)
- 1 EL Zitronenextrakt
- 2 EL frischer Thymian, plus etwas mehr zum Garnieren
- Puderzucker zum Servieren
- Kokos-Schlagsahne (Seite 245)

*Um das Rezept glutenfrei zuzubereiten, verwenden Sie glutenfreies Mehl plus 1 TL Xanthan (siehe Seite 258).

Für die Cupcakes: Den Backofen auf 175 °C vorheizen. Zwei Muffinformen für jeweils 12 Muffins mit 15 Papierförmchen auslegen. Die Papierförmchen dünn mit Trennspray fetten.

Mehl, Backnatron, Backpulver und Salz in einer großen Schüssel vermischen. Öl, Ahornsirup, Wasser, Zitronensaft und -schale, Zitronenextrakt und Thymian in einer zweiten Schüssel verquirlen. Die flüssigen Zutaten zu den trockenen gießen und ein paar Mal umrühren, um alles gerade zu vermischen, aber nicht glatt rühren.

Die Papierförmchen zu ungefähr zwei Dritteln mit dem Teig füllen. 16 bis 17 Minuten backen; die Cupcakes sind fertig, wenn Sie einen Zahnstocher in die Mitte stechen und beim Herausziehen nur ein paar Krümel daran haften. Bevor Sie sie mit der Glasur überziehen, die Cupcakes vollständig abkühlen lassen.

Die Cupcakes überziehen: Die abgekühlten Cupcakes mit Puderzucker bestäuben, dann einen Klecks Kokos-Schlagsahne mit einem Spritzbeutel oder einem Löffel darauf verteilen. Mit Thymian und Zitronenschale garnieren. Bis zum Servieren im Kühlschrank lagern.

HIMBEER-TIRAMISU-CUPCAKES

PASTICCINI AL TIRAMISÙ CON LAMPONI

14 CUPCAKES

Mit diesen Cupcakes habe ich bei den „Cupcake Wars" von Food Network den ersten Preis belegt. Sie haben sich gegen vier andere, nicht vegane Cupcakes behauptet! Sie sind getränkt in Espresso und Amaretto und gefüllt mit Kaffee-Crème, Schokolade und frischem Himbeerpüree.

VANILLE-CUPCAKES

200 g Mehl

170 g Zucker

½ TL Backnatron

½ TL Backpulver

½ TL Salz

180 ml Soja-, Mandel- oder Reismilch

120 ml Rapsöl

2 EL weißer oder Apfelessig

2 TL Vanilleextrakt

ESPRESSOSAUCE

80 ml Amaretto

1 EL Instant-Espresso

Himbeersauce

340 g gefrorene oder frische Himbeeren

2 EL Wasser

4 EL Zucker

⅛ TL Salz

1 TL Zitronensaft

GLASUR

250 ml ungehärtetes pflanzliches Backfett

400 g Puderzucker

1 TL Vanilleextrakt

2 EL Instant-Espresso-Pulver, in 2 EL Amaretto aufgelöst

GARNIERUNG (OPTIONAL)

45 g gehackte dunkle Schokolade (milchfrei)

Frische Himbeeren

Kleine Minzblätter

Für die Cupcakes: Den Backofen auf 175 °C vorheizen. Zwei Muffinformen für jeweils 12 Muffins mit 14 Papierförmchen auslegen.

Mehl, Zucker, Backnatron, Backpulver und Salz in einer großen Schüssel vermischen. Vegane Milch, Öl, Essig und Vanilleextrakt in einer zweiten Schüssel vermischen. Die flüssigen Zutaten zu den trockenen gießen und ein paarmal umrühren, um alles gerade zu vermischen, aber nicht glatt rühren.

Die Papierförmchen zu ungefähr zwei Dritteln mit dem Teig füllen. 16 bis 18 Minuten backen; die Cupcakes sind fertig, wenn Sie einen Zahnstocher in die Mitte stechen und beim Herausziehen kein Teig daran haften bleibt. Vollständig abkühlen lassen.

Für die Espressosauce: Amaretto und das Espressopulver in einer kleinen Schüssel vermischen, bis sich der Espresso aufgelöst hat. Beiseitestellen.

Für die Himbeersauce: Himbeeren, Wasser, Zucker und Salz in einem mittelgroßen Topf bei mittlerer Hitze ungefähr 15 Minuten zu einer dicken Sauce einkochen. Vom Herd nehmen, dann den Zitronensaft einrühren. Abkühlen lassen und anschließend in den Kühlschrank stellen.

Für die Glasur: Backfett, Puderzucker, Vanilleextrakt und 1 EL Espresso-Amaretto mit dem Mixer aufschlagen. Bei Bedarf mehr Espresso-Amaretto zugeben, bis die gewünschte Konsistenz erreicht ist. Auf hoher Stufe 2 Minuten leicht und fluffig schlagen.

Die Cupcakes überziehen: Oben in jedem Cupcake mit einem Löffel ein kleines Loch machen. Espressosauce, Himbeersauce, 2 TL gemahlene Schokolade (falls verwendet) in das Loch träufeln, dann die Glasur darüber spritzen. Mit einer Himbeere und, falls verwendet, einem Minzblättchen garnieren.

MANDEL-SCHOKOMOUSSE-KUCHEN

MOUSSE DI CIOCCOLATO E MANDORLE

ZWEI 23 CM GROSSE, RUNDE KUCHENLAGEN

Dieser Kuchen ist ein riesiger, beeindruckender Publikumshit. Die Zubereitung hat einige Schritte, doch das Endergebnis ist es allemal wert. Jeder in meiner Familie will diesen Kuchen zum Geburtstag haben … und an ganz gewöhnlichen Tagen auch. Der Schokoladenkuchen ist immer richtig saftig und die Mousse ist leicht und luftig. Mit diesem Kuchen im Gepäck sind Sie bei der nächsten Party garantiert der Knüller.

ANMERKUNG: Die Mousse-Füllung muss über Nacht kalt gestellt werden.

TIPP ZUR ZUBEREITUNG IM VORAUS: Die Kuchenschichten können im Voraus zubereitet und bis zu 1 Monat tiefgekühlt gelagert werden. Vor dem Servieren auftauen lassen und mit der Glasur überziehen.

MOUSSE-FÜLLUNG

120 ml Soja-, Mandel- oder Reismilch

1 TL Instant-Espresso-Pulver, optional

200 g dunkle Schokoladendrops (milchfrei)

1 Dose (380 g) Kokosmilch (keine „light"-Variante), über Nacht im Kühlschrank kalt gestellt (vorher nicht schütteln oder umrühren)

4 EL Puderzucker

KUCHEN

240 g Mehl*

340 g Zucker

120 g fein gemahlene, blanchierte Mandeln oder Mandelmehl

60 g ungesüßtes Kakaopulver

2 TL Backnatron

1 TL Salz

480 ml Wasser

240 ml Rapsöl

60 ml weißer oder Apfelessig

1 EL Vanilleextrakt

1 EL Instant-Espresso

Puderzucker oder Schokoladen-Ganache (Seite 245), als Topping

*Um das Rezept glutenfrei zuzubereiten, verwenden Sie glutenfreies Mehl plus 1 TL Xanthan (siehe Seite 258).

Für die Mousse-Füllung: Die Schüssel und den Schneebesen Ihrer Küchenmaschine ungefähr 15 Minuten lang im Tiefkühlschrank kalt werden lassen. Wenn sie nicht kalt genug sind, lässt sich die Mousse nicht richtig aufschlagen.

Währenddessen die vegane Milch und (falls verwendet) das Espressopulver in einem kleinen Topf bei mittlerer Hitze verrühren. Wenn sich der Espresso aufgelöst hat, die Schokoladendrops zugeben und bei niedriger Hitze umrühren, bis die Schokolade geschmolzen und glatt ist. Die Schokoladenmischung in eine große Schüssel gießen, abkühlen lassen, dann für 15 Minuten in den Kühlschrank stellen, bis sie sich kalt anfühlt; dabei häufig umrühren. Behalten Sie sie gut im Auge, denn wenn sie zu lange im Kühlschrank steht, wird sie zu fest zum Aufschlagen.

Den fest gewordenen Anteil der Kokosmilch aus der kalt gestellten Dose abschöpfen und in die kalt gestellte Schüssel Ihrer Küchenmaschine geben. Lassen Sie das flüssige Kokoswasser vollständig zurück, selbst wenn Sie eine kleine Menge der festen Kokossahne opfern müssen (bereits eine geringe Menge Kokoswasser kann zu einem schlechteren Ergebnis führen).

Den Puderzucker zugeben und auf hoher Stufe 1 bis 2 Minuten lang aufschlagen. Die abgekühlte Schokoladenmischung zugeben und erneut aufschlagen, bis alles gut vermischt ist. Verdeckt über Nacht im Kühlschrank kalt stellen.

Für den Kuchen: Den Backofen auf 175 °C vorheizen. Zwei 23 cm große, runde Kuchenformen dünn fetten und den Boden mit Backpapier auslegen.

Mehl, Zucker, gemahlene Mandeln, Kakaopulver, Backnatron und Salz in einer großen Schüssel vermischen. Wasser, Öl, Essig, Vanilleextrakt und Espresso in einer zweiten Schüssel verquirlen. Die flüssigen Zutaten zu den trockenen gießen und ein paar Mal umrühren, um alles gerade zu vermischen, aber nicht glatt rühren.

Die vorbereiteten Kuchenformen gleichmäßig mit dem Teig füllen. Ungefähr 35 Minuten backen; der Kuchen ist fertig, wenn Sie einen Zahnstocher in die Mitte stechen und beim Herausziehen nur ein paar Krümel daran haften. Nach der Hälfte der Backzeit die Kuchenformen drehen. Vor dem Aufschichten die Kuchenlagen vollständig abkühlen lassen.

Aufschichten: Wenn die Lagen vollständig abgekühlt sind, mit einem Messer am Rand der Kuchenformen entlangfahren, um den Kuchen zu lösen, dann vorsichtig aus den Formen nehmen. Das Backpapier abziehen. Eine Lage Kuchen auf eine Servierplatte oder eine runde Kuchenplatte aus Pappe legen. Die Oberfläche mit der Mousse-Füllung überziehen. Dann die zweite Kuchenlage darauflegen. Bis zum Servieren im Kühlschrank lagern. Mit Puderzucker bestäuben oder mit Schokoladen-Ganache dekorieren und servieren.

ITALIENISCHE GRANATAPFEL-MINZE-LIMONADE

BEVANDA GASSATA ALLA MENTA E MELOGRANO

6 BIS 8 PERSONEN

Lassen Sie sich nicht von dem schicken Titel in die Irre führen. Dieses mit Agavendicksaft gesüßte Getränk ist auch bei Kindern ein Hit! Meine Rezeptetesterin Ann Marie ließ ihren dreijährigen Sohn Matthew kosten. Er sagte, es sei sein „absolutes Lieblingsgetränk" und bat am nächsten Tag wieder darum. Kids sind immer sehr ehrlich, Sie können also darauf vertrauen, dass Sie mit dieser Limonade nichts falsch machen können.

1 L Sprudelwasser
480 ml Granatapfelsaft
120 ml Agavendicksaft
60 ml Limettensaft
8 Zweige frische Minze
Eiswürfel

Sprudelwasser, Granatapfelsaft, Agavendicksaft und Limettensaft in einen großen Krug gießen. Kalt stellen und mit Eiswürfeln und je einem frischen Zweig Minze servieren.

ITALIENISCHE ZITRONE-THYMIAN-LIMONADE

BEVANDA GASSATA AL LIMONE E TIMO

6 BIS 8 PERSONEN

Die Kombination aus Zitrone und Thymian ist so erfrischend, dass diese Limonade das perfekte Getränk zu einer herzhaften italienischen Mahlzeit ist. Für die Erwachsenen darf zusätzlich noch ein Spritzer Wodka mit rein. Aber Vorsicht – der Limonadengeschmack verbirgt den Alkohol gut!

***TIPP ZUR ZUBEREITUNG IM VORAUS:** Der Zitronen-Thymian-Sirup kann im Voraus zubereitet und bis zu 2 Tage im Kühlschrank gelagert werden.*

½ Bund frischer Thymian (ungefähr 15 g), plus etwas mehr zum Garnieren
170 g Zucker
240 ml Wasser
360 ml Zitronensaft
1 L Sprudelwasser, plus etwas mehr nach Bedarf

Thymian, Zucker und Wasser in einen mittelgroßen Topf geben. Aufkochen lassen, dann die Hitze reduzieren und 5 Minuten bei häufigem Rühren köcheln lassen. Vom Herd nehmen, die Flüssigkeit durch ein Sieb in einen Krug gießen und den Thymian wegwerfen. Vollständig abkühlen lassen. Dann Zitronensaft und Sprudelwasser einrühren. Kosten und bei Bedarf mehr Sprudelwasser zugeben. Kalt stellen und mit Eiswürfeln und einem Zweig Thymian als Garnierung servieren.

ERDBEER-BASILIKUM-MILCHSHAKE*

FRAPPÈ CON FRAGOLE E BASILICO

3 PERSONEN

Peace, Love und vegane Milchshakes! Sie werden staunen, wie wunderbar das Basilikum zu der Kombination aus Erdbeeren und Sahne passt. Köstlich. Sie werden diesen Milchshake wahrscheinlich (wie ich!) mit einem Löffel essen wollen, oder zumindest mit einem superdicken Strohhalm schlürfen.

240 ml Soja-, Mandel- oder Reismilch, plus etwas mehr nach Bedarf

480 ml milchfreies Vanilleeis

250 g gefrorene Erdbeeren

2 EL Agavendicksaft

½ Bund frisches Basilikum (ungefähr 12 Blätter)

Alle Zutaten außer dem Basilikum im Mixer glatt pürieren. Bei Bedarf mehr vegane Milch zugeben. Dann das Basilikum zugeben und erneut kurz pürieren, sodass es gerade untergemischt ist.

ITALIENISCHER HOCHZEITSKUCHEN

TORTA NUZIALE

ZWEI 23 CM GROSSE, RUNDE KUCHENLAGEN

Dieser Kuchen ist so lecker, dass Sie die Zubereitung abkürzen können, indem Sie die Glasur weglassen und den Kuchen einfach mit Puderzucker bestäuben. Der Kuchen ist noch das Einfachste – jetzt muss ich nur noch jemanden zum Heiraten finden! Gibt's Freiwillige?

***TIPP ZUR ZUBEREITUNG IM VORAUS:** Die Kuchenschichten können im Voraus zubereitet und bis zu 1 Monat tiefgekühlt gelagert werden. Vor dem Servieren auftauen lassen und mit der Glasur überziehen.*

360 g Mehl*

340 g Zucker

2 TL Backnatron

1 TL Salz

480 ml Soja-, Mandel- oder Reismilch

240 ml Rapsöl

60 ml weißer oder Apfelessig

1 EL Vanilleextrakt

1 TL Mandelextrakt

100 g Kokosraspel (gesüßt oder ungesüßt)

125 g gehackte Pekannüsse

1 Dose (225 g) Ananasstücke, einschließlich Flüssigkeit

Glasur (Seite 214)

Essbare Blüten zum Garnieren (optional), siehe Tipp (Seite 214)

*Um das Rezept glutenfrei zuzubereiten, verwenden Sie glutenfreies Mehl plus 1 ½ TL Xanthan (siehe Seite 258).

Für den Kuchen: Den Backofen auf 175 °C vorheizen. Zwei 23 cm große, runde Kuchenformen dünn fetten und den Boden mit Backpapier auslegen.

Mehl, Zucker, Backnatron und Salz in einer großen Schüssel vermischen. Vegane Milch, Öl, Essig, Vanilleextrakt und Mandelextrakt in einer zweiten Schüssel verquirlen. Die flüssigen Zutaten zu den trockenen gießen und ein paar Mal umrühren, um alles gerade zu vermischen, aber nicht glatt rühren. Kokosraspel, Pekannüsse und Ananasstücke vorsichtig unterheben.

Die vorbereiteten Kuchenformen gleichmäßig mit dem Teig füllen. 35 bis 40 Minuten backen; der Kuchen ist fertig, wenn Sie einen Zahnstocher in die Mitte stechen und beim Herausziehen nur ein paar Krümel daran haften. Nach der Hälfte der Backzeit die Kuchenformen drehen. Vor dem Aufschichten die Kuchenlagen vollständig abkühlen lassen.

Aufschichten: Wenn die Kuchenschichten vollständig abgekühlt sind, mit einem Messer am Rand der Form entlangfahren, um den Kuchen zu lösen, und vorsichtig aus den Formen nehmen. Das Backpapier abziehen. Eine Kuchenschicht auf eine Servierplatte oder Kuchenplatte aus Pappe legen und ein paar Backpapierstreifen unter den Kuchen schieben, damit die Glasur nicht auf die Platte kleckst. Eine dünne Schicht Glasur auf dem Kuchen verstreichen. Dann die zweite Kuchenlage darauflegen und ebenfalls dünn mit Glasur überziehen. Wenn Sie möchten, können Sie auch die Ränder mit Glasur überziehen. Falls gewünscht mit essbaren Blüten garnieren.

GLASUR

250 ml ungehärtetes pflanzliches Backfett

400 g Puderzucker

1 TL Vanilleextrakt

3 bis 5 EL Soja-, Mandel- oder Reismilch

125 g gehackte Pekannüsse

Das Backfett in der Küchenmaschine oder mit einem Handmixer aufschlagen. Den Mixer auf niedriger Stufe laufen lassen und nach und nach Puderzucker, Vanilleextrakt und esslöffelweise vegane Milch zugeben, bis die Glasur eine streichfähige Konsistenz hat. Dann auf hoher Geschwindigkeitsstufe 2 Minuten leicht und fluffig schlagen. Zum Schluss die gehackten Pekannüsse untermixen.

CHLOES TIPP: ESSBARE BLÜTEN

Ich kaufe essbare Blüten am liebsten in meinem Gourmet-Lebensmittelgeschäft oder auf dem Bauernmarkt. Es ist die einfachste und eleganteste Weise, einen Kuchen für einen besonderen Anlass zu dekorieren. Als ich im Millennium Restaurant in San Francisco arbeitete, dekorierten wir unsere Hochzeitstorten ausschließlich mit den erlesensten Blüten.

VANILLEEIS

GELATO ALLA VANIGLIA

6 PERSONEN

Alle Zutaten im Mixer glatt pürieren. Für 3 Stunden kalt stellen. Wenn die Eiscremebasis völlig ausgekühlt ist, das Eis in der Eismaschine nach Herstelleranweisung zubereiten. Frischhaltefolie eng um den Behälter wickeln, sodass sie direkt am Eis anliegt, und im Tiefkühlschrank lagern.

- 1 Dose (380 g) Kokosmilch
- 120 ml Agavendicksaft oder Ahornsirup
- 1 EL Rapsöl
- ¼ TL Guarkernmehl (Seite 258)
- Mark von 1 Vanilleschote
- 1 TL Vanilleextrakt
- 1 TL Bourbon
- Prise Salz

AFFOGATO (VANILLEEIS IN EINEM ESPRESSO-SHOT)

AFFOGATO DI GELATO ALLA VANIGLIA

4 PERSONEN

Affogato – *Vanilleeis, das in einem Espresso-Shot schwimmt – ist eine traditionelle italienische Nachspeise. Wenn Kinder mitessen, verwenden Sie anstelle des Espressos heißen Kakao mit Soja- oder Mandelmilch (ein Rezept für meinen absoluten Lieblingskakao finden Sie in Chloe's Vegan Desserts).*

Ein paar Eiskugeln in jede Schüssel füllen und mit einem Shot (ungefähr 60 ml) heißem Espresso übergießen. Sofort servieren.

- 1 Rezept Vanilleeis (oben) oder 480 ml milchfreies Vanilleeis
- 240 ml heiß gebrauter Espresso

BOURBON-EIS MIT GERÖSTETEN BANANEN

GELATO AL BOURBON CON BANANA ARROSTITA

600 ML

Für dieses Eis werden karamellisierte geröstete Bananen mit Kokosmilch und einem Hauch von Bourbon püriert. Lecker! Wenn auch Sie verrückt nach Bananen sind, rösten Sie ein paar zusätzliche und garnieren Sie damit Ihr Eis. Wenn Sie eher auf Schokolade stehen, überziehen Sie es mit einer Schicht aus heißem Fudge (Seite 227).

3 mittelgroße Bananen, geschält und in 1,5 cm dicke Scheiben geschnitten

1 EL Rapsöl, plus etwas mehr zum Bestreichen

1 Dose (380 g) Kokosmilch

80 ml Agavendicksaft oder Ahornsirup

1 TL Vanilleextrakt

2 EL Bourbon

¼ TL Salz

Den Backofen auf 200 °C vorheizen.

Die Bananenscheiben von allen Seiten dünn mit Öl bestreichen und auf einem großen Backblech ausbreiten. 30 Minuten rösten. Aus dem Backofen nehmen und abkühlen lassen.

Die gerösteten Bananen, Öl, Kokosmilch, Agavendicksaft, Vanilleextrakt, Bourbon und Salz im Mixer völlig glatt pürieren, sodass keine Bananenstücke zurückbleiben. Für 3 Stunden kalt stellen. Wenn die Eiscremebasis völlig ausgekühlt ist, das Eis in der Eismaschine nach Herstelleranweisung zubereiten. Frischhaltefolie eng um den Behälter wickeln, sodass sie direkt am Eis anliegt, und im Tiefkühlschrank lagern.

CHLOES TIPP: EISCREME

Wenn Sie eine Eiscremebasis zubereiten, sollte sie zu süß und salzig schmecken. Nachdem die Masse gefroren und in der Eismaschine zu Eiscreme verarbeitet wurde, wird der Geschmack durch die kalte Temperatur gedämpft. Wenn die Basis also zu süß und salzig schmeckt, schmeckt das gefrorene Eis wahrscheinlich genau richtig.

TIRAMISU★

TIRAMISÙ

8 PERSONEN

Auf Italienisch bedeutet tiramisù *„zieh mich hoch", denn italienische Frauen dippten früher mitten am Tag Kekse in Espresso für einen nachmittäglichen Energiekick.*

ANMERKUNG: *Tiramisu schmeckt am besten, wenn es vor dem Servieren über Nacht kalt gestellt wurde.*

VANILLEKUCHEN

200 g Mehl*

170 g Zucker

1 TL Backnatron

½ TL Salz

180 ml Wasser

120 ml Rapsöl

2 EL weißer oder Apfelessig

1 EL Mandelextrakt

ESPRESSOSAUCE

180 ml Wasser

2 EL dunkler Rum

3 EL Instant-Espresso-Pulver

720 ml Kokos-Schlagsahne (Seite 245)

200 g dunkle Schokoladendrops (milchfrei), in der Küchenmaschine zerkleinert oder fein gehackt

*Um das Rezept glutenfrei zuzubereiten, verwenden Sie glutenfreies Mehl plus ¾ TL Xanthan (siehe Seite 258).

Für den Kuchen: Den Backofen auf 175 °C vorheizen. Eine runde, 23 cm große Kuchenform dünn fetten.

Mehl, Zucker, Backnatron und Salz in einer großen Schüssel vermischen. Wasser, Öl, Essig und Mandelextrakt in einer zweiten Schüssel verquirlen. Die flüssigen Zutaten zu den trockenen gießen und ein paarmal umrühren, um alles gerade zu vermischen, aber nicht glatt rühren.

Die vorbereitete Kuchenform mit dem Teig füllen. 28 bis 30 Minuten backen; der Kuchen ist fertig, wenn Sie einen Zahnstocher in die Mitte stechen und beim Herausziehen nur ein paar Krümel daran haften. Nach der Hälfte der Backzeit die Kuchenformen drehen. Vor dem Aufschichten des Tiramisu den Kuchen vollständig abkühlen lassen.

Für die Espressosauce: Wasser, Rum und Espressopulver in einer Schüssel vermischen, bis sich der Espresso aufgelöst hat.

Anrichten: Den Kuchen noch in der Form mit einem Messer in 2,5 cm große Würfel schneiden. Die Hälfte der Kuchenwürfel in eine große Schüssel oder Dessertschale geben. Die Hälfte der Espressosauce gleichmäßig auf die Kuchenwürfel träufeln. Die Hälfte der Schlagsahne darauf klecksen und anschließend mit der zerkleinerten Schokolade bestreuen. Die Schichten wiederholen und das Tiramisu vor dem Servieren über Nacht kalt stellen.

ITALIENISCHER APFELKUCHEN*

TORTA DI MELA

8 PERSONEN

In jeder Familie und jedem Haushalt gibt es „den" Kuchen. Dieser Apfelkuchen ist „der" Kuchen meines Apartments in New York City. Wenn irgendwelche Geburtstage oder Schneetage anstehen, fragen mich meine Mitbewohner immer: „Backst du ‚den' Kuchen?" Wir sind alle förmlich süchtig danach. Jede meiner Mitbewohnerinnen hat das Rezept und backt ihn häufig. Ich habe keine Zweifel, dass er auch bei Ihnen zu Hause „der" Kuchen wird, nachdem Sie ihn einmal gebacken haben. Sie sind abenteuerlustig? Ersetzen Sie einen der Äpfel durch eine Birne!

200 g Mehl*

130 g Zucker

¾ TL Backnatron

1 TL gemahlener Zimt

¼ TL Salz

120 ml Rapsöl

60 ml Wasser

2 TL Vanilleextrakt

1 EL weißer oder Apfelessig

3 Äpfel, geschält und dünn geschnitten

Puderzucker zum Servieren

*Um das Rezept glutenfrei zuzubereiten, verwenden Sie glutenfreies Mehl plus ¾ TL Xanthan (siehe Seite 258).

Den Backofen auf 175 °C vorheizen. Eine 23 cm große, runde Kuchenform dünn fetten und mit Backpapier auslegen. Erneut fetten.

Mehl, Zucker, Backnatron, Zimt und Salz in einer großen Schüssel vermischen. Öl, Wasser, Vanilleextrakt und Essig in einer zweiten Schüssel verquirlen. Die flüssigen Zutaten zu den trockenen gießen und mit einem großen Löffel kurz vermischen. Nicht glatt rühren. Der Teig ist sehr dick, aber die Äpfel geben beim Backen viel Flüssigkeit ab.

Die vorbereitete Kuchenform mit einigen der Apfelscheiben in einem Spiralmuster auslegen, sodass der Boden größtenteils bedeckt ist. Die übrigen Äpfel vorsichtig unter den Teig heben. Den Teig vorsichtig in die Form füllen, sodass das Apfelmuster nicht unterbrochen wird. Sachte mit einem Küchenspatel oder Ihren Fingern gleichmäßig in die Form drücken.

40 bis 45 Minuten backen, bis der Kuchen in der Mitte durchgebacken und oben bräunlich ist. Nach der Hälfte der Backzeit die Kuchenformen drehen.

Nach dem Abkühlen mit einem Messer am Rand der Form entlangfahren und den Kuchen lösen, dann vorsichtig kopfüber aus der Form nehmen, sodass das Apfelmuster oben ist. Das Backpapier abziehen. Mit Puderzucker bestäuben und servieren.

ROTWEIN-SCHOKOLADENKUCHEN MIT BESCHWIPSTEN HIMBEEREN

TORTA DI CIOCCOLATO AL VINO ROSSO CON LAMPONI "UBRIACHI"

EIN 23 CM GROSSER KUCHEN

Sie haben die Flasche Rotwein gestern Abend nicht mehr geschafft? Verwenden Sie sie in diesem Schokoladenkuchen! Dieser reichhaltige, verführerische Schokoladenkuchen ist innen klebrig saftig und verlockt Sie mit einem Hauch von Rotwein. Daraus wird mit weingetränkten „beschwipsten" Himbeeren und einem Klecks Kokos-Schlagsahne das ultimative Dessert der Liebenden.

***TIPP ZUR ZUBEREITUNG IM VORAUS:** Die Kuchenschichten können im Voraus zubereitet und bis zu 1 Monat tiefgekühlt gelagert werden. Vor dem Servieren auftauen lassen.*

KUCHEN

200 g Mehl*

170 g Zucker

45 g ungesüßtes Kakaopulver

1 TL Backnatron

½ TL Salz

180 ml trockener Rotwein

120 ml Wasser

120 ml Rapsöl

2 EL weißer oder Apfelessig

1 TL Vanilleextrakt

BELAG

120 ml trockener Rotwein

65 g Zucker

170 g Himbeeren

Puderzucker zum Servieren

Kokos-Schlagsahne (Seite 245)

*Um das Rezept glutenfrei zuzubereiten, verwenden Sie glutenfreies Mehl plus ¾ TL Xanthan (siehe Seite 258).

Für den Kuchen: Den Backofen auf 175 °C vorheizen. Eine 23 cm große, runde Kuchenform dünn fetten und den Boden mit Backpapier auslegen.

Mehl, Zucker, Kakaopulver, Backnatron und Salz in einer großen Schüssel vermischen. Wein, Wasser, Öl, Essig und Vanilleextrakt in einer zweiten Schüssel verquirlen. Die flüssigen Zutaten zu den trockenen gießen und ein paarmal umrühren, um alles gerade zu vermischen, aber nicht glatt rühren.

Die vorbereitete Kuchenform mit dem Teig füllen. 28 bis 30 Minuten backen; der Kuchen ist fertig, wenn Sie einen Zahnstocher in die Mitte stechen und beim Herausziehen nur ein paar Krümel daran haften. Nach der Hälfte der Backzeit den Kuchen im Backofen drehen. Vollständig abkühlen lassen.

Für den Belag: Wein und Zucker in einem kleinen Topf auf mittlerer Flamme erhitzen, bis sich der Zucker aufgelöst hat und der Wein zu kochen beginnt. 1 bis 2 Minuten kochen lassen, dann vom Herd nehmen. Die Himbeeren in eine Schüssel geben und mit der Wein-Zucker-Mischung übergießen. Mindestens 30 Minuten und bis zu 2 Tage kalt stellen und einweichen lassen.

Den Kuchen anschneiden und jede Portion mit Puderzucker bestäuben. Dann einen Klecks Schlagsahne und einen Löffel der in Wein getränkten Himbeeren darauf geben.

PFEFFERMINZ-SANDWICH-EIS MIT SCHOKOLADENDROPS★

BISCOTTI DI GELATO ALLA MENTA CON GOCCE DI CIOCCOLATO

UNGEFÄHR 10 BIS 12 SANDWICHES

Ich mache dieses Sandwich-Eis für beinahe jede meiner Partys. Das Minze-Schokoladen-Eis ist supercremig (kein kristallisiertes Wasser!) und mit den hausgemachten Keksen sind diese Sandwiches besser als jedes gekaufte Sandwich-Eis. Wenn Sie sehr viele Gäste haben, können Sie dieses Eis auch als Mini-Sandwiches servieren. Übrig gebliebener Keksteig kann tiefgefroren und anderweitig verarbeitet werden.

***ANMERKUNG:** Die Eis-Sandwiches schmecken am besten, wenn sie vor dem Servieren mindestens 24 Stunden eingefroren werden. Das Eis und die Kekse können auch separat im Voraus zubereitet und eingefroren werden.*

Für das Minzeis mit Schokodrops: Kokosmilch, Agavendicksaft, Öl, Guarkernmehl, Pfefferminzextrakt, Salz und Lebensmittelfarbe im Mixer pürieren. Für 2 bis 3 Stunden in den Kühlschrank stellen.

Wenn die Eiscremebasis völlig ausgekühlt ist, das Eis in der Eismaschine nach Herstelleranweisungen zubereiten. Die Schokoladendrops unterheben. Die Schüssel mit Frischhaltefolie bedecken, sodass sie das Eis in der Schüssel berührt. Ins Tiefkühlfach stellen, bis es fest genug ist, um mit einem Eisportionierer Kugeln herausstechen zu können.

Für die Kekse: Den Backofen auf 160 °C vorheizen und ein großes Backblech mit Backpapier auslegen.

Mehl, Backnatron, Maisstärke und Salz in einer mittelgroßen Schüssel vermischen. Margarine, Zucker, braunen Zucker, Wasser und Vanilleextrakt mit einem elektrischen Mixer aufschlagen. Die Mehlmischung in kleinen Portionen untermixen, dann die Schokoladendrops zugeben.

Je Keks ungefähr 2 EL Teig auf das vorbereitete Backblech setzen und mit der Handfläche flach drücken. Wenn der Teig zu weich ist, stellen Sie ihn in den Kühlschrank, bis Sie mühelos Teigportionen abstechen können. Mit dem übrigen Teig genauso verfahren. Auf dem Backblech zwischen den Keksen ungefähr 5 cm Abstand lassen. 15 bis 20 Minuten backen, bis die Kekse am Rand braun zu werden beginnen und in der Mitte schön goldgelb sind. Nach der Hälfte der Backzeit das Backblech im Backofen drehen. Aus dem Backofen nehmen und vollständig abkühlen lassen.

Das Sandwich-Eis aufschichten: Das Eis 12 bis 15 Minuten im Kühlschrank antauen lassen. 1 Kugel Eis zwischen 2 Kekse setzen, sachte zusammendrücken und gefrieren. Mit den übrigen Keksen genauso verfahren. Einige Stunden oder über Nacht in einer Lage (nicht aufeinandergestapelt) im Tiefkühlschrank lagern, bis das Eis fest ist.

MINZEIS (ODER VERWENDEN SIE EIN GEKAUFTES MINZEIS MIT SCHOKOLADENDROPS)

1 Dose (380 g) Kokosmilch

120 ml Agavendicksaft

1 EL Rapsöl

¼ TL Guarkernmehl (Seite 258)

1 TL Pfefferminzextrakt

Prise Salz

2 Tropfen grüne Lebensmittelfarbe

85 g Mini-Schokoladendrops (milchfrei)

KEKSE

265 g Mehl*

1 TL Backnatron

1 EL Maisstärke

1 TL Salz

220 g kalte vegane Margarine

130 g Zucker

150 g brauner Zucker

4 EL Wasser

1 EL Vanilleextrakt

200 g dunkle Schokoladendrops (milchfrei)

*Um das Rezept glutenfrei zuzubereiten, verwenden Sie glutenfreies Mehl plus ½ TL Xanthan (siehe Seite 258).

ESPRESSO-SUNDAE MIT SCHOKOLADENDROPS

GELATO ALL'ESPRESSO CON GOCCE DI CIOCCOLATO

4 BIS 6 PERSONEN

Meine Lieblingseissorte ist definitiv Kaffee. Es geht einfach nichts über das reichhaltige Aroma und den himmlischen Geschmack. Dieses Espressoeis ist das ultimative Kaffeeeis, denn seine Konsistenz ist wunderbar reichhaltig und cremig. Servieren Sie es in einem Eisbecher mit allem, was zu einem Sundae-Becher mit heißem Fudge gehört. Wenn es schneller gehen soll, können Sie auch ein gekauftes (milchfreies) Kaffeeeis verwenden.

ESPRESSOEIS

1 Dose (400 g) Kokosmilch

2 EL Instant-Espresso

120 ml Agavendicksaft oder Ahornsirup

1 EL Rapsöl

2 TL Haselnuss- oder Kaffeelikör

¼ TL Guarkernmehl (Seite 258)

Prise Salz

85 g dunkle Mini-Schokoladendrops (milchfrei)

Heißes Fudge (Rezept unten)

Kokos-Schlagsahne (Seite 245), optional

Geröstete gehackte Mandeln oder Mandelstifte, zum Servieren

Für das Espressoeis: Kokosmilch, Espressopulver, Agavendicksaft, Öl, Haselnusslikör, Guarkernmehl und Salz im Mixer pürieren. Für 2 bis 3 Stunden in den Kühlschrank stellen.

Wenn die Eiscremebasis völlig ausgekühlt ist, das Eis in der Eismaschine nach Herstelleranweisungen zubereiten. Die gewünschte Menge Mini-Schokoladendrops unterheben. Die Schüssel mit Frischhaltefolie bedecken, sodass sie das Eis in der Schüssel berührt. Im Tiefkühlschrank lagern.

Den Eisbecher anrichten: Einige Kugeln Espressoeis in jede Schüssel geben. Mit heißem Fudge, Kokos-Schlagsahne (falls verwendet) und gerösteten Mandeln bedecken.

HEISSES FUDGE

120 ml Kokosmilch aus der Dose, vor dem Abmessen gut verrühren

200 g dunkle Schokoladendrops (milchfrei)

1 EL Agavendicksaft oder Ahornsirup

½ TL Vanilleextrakt

Die Kokosmilch in einem kleinen Topf bei mittlerer Hitze gerade zum Kochen bringen. Die Hitze reduzieren und die Schokoladendrops einrühren. Abkühlen lassen und weiterhin häufig umrühren, bis die Schokolade glatt ist. Vom Herd nehmen und Agavendicksaft und Vanilleextrakt einrühren.

POLENTA-BEEREN-AUFLAUF MIT VANILLEEIS★

CROSTATA DI POLENTA CON MIRTILLI E GELATO ALLA VANIGLIA

EINE 20 CM GROSSE FORM ODER 4 AUFLAUFFÖRMCHEN

Beerenauflauf aus der guten alten italienischen Polenta? Das geht! Durch die Polenta wird der Zuckerteigbelag schön knusprig und sie verleiht ihm außerdem die hübsche goldgelbe Farbe. Eine fabelhafte Abwechslung zum alltäglichen Obstauflauf.

ANMERKUNG: Wenn es schneller gehen soll, servieren Sie ihn mit einer Kugel gekauftem (milchfreiem) Vanilleeis.

TIPP ZUR ZUBEREITUNG IM VORAUS: Ungebacken kann der Auflauf über Nacht im Kühlschrank gelagert werden. Vor dem Servieren mit Zucker bestreuen und backen.

FÜLLUNG

450 g gefrorene Beeren (gemischt, Blaubeeren oder Kirschen)

4 EL Mehl*

30 g Zucker

POLENTABELAG

4 EL Polenta (mittelgrob, nicht schnellkochend)

1 TL Backpulver

¼ TL Salz

90 g Mehl*

2 EL Zucker, plus etwas mehr zum Streuen

3 EL vegane Margarine, zerlassen

120 ml Soja-, Mandel- oder Reismilch

Vanilleeis (Seite 215) oder Kokos-Schlagsahne (Seite 245), zum Servieren

*Um die Polenta glutenfrei zuzubereiten, verwenden Sie glutenfreies Mehl plus ½ TL Xanthan (siehe Seite 258). Um die Füllung glutenfrei zuzubereiten, verwenden Sie glutenfreies Mehl plus ½ TL Xanthan (siehe Seite 258).

Den Backofen auf 175 °C vorheizen. Eine 20 cm große, quadratische Backform dünn fetten.

Für die Füllung: Alle Zutaten in einer großen Schüssel vermischen, dann in die vorbereitete Backform füllen.

Für den Polentabelag: Polenta, Backpulver, Salz, Mehl und Zucker in einer großen Schüssel vermischen. Die zerlassene Margarine und die Sojamilch zugeben und kurz vermischen. Nicht glatt rühren. Den Teig auf der Beerenmischung verteilen, aber keine Sorge, wenn nicht alle Beeren bedeckt sind.

Gleichmäßig und großzügig mit Zucker bestreuen. 40 bis 45 Minuten backen, bis die Polenta goldgelb ist und der heiße Auflauf am Rand Bläschen wirft. Aus dem Backofen nehmen und ungefähr 15 Minuten abkühlen lassen. Mit Vanilleeis oder Kokos-Schlagsahne servieren.

GRUND-REZEPTE HAUSGEMACHT

TEIG, SAUCEN UND VEGANER KÄSE

ARRABBIATASAUCE

SUGO ALL'ARRABBIATA

UNGEFÄHR 840 ML

Klar, ein Glas Arrabbiatasauce aus dem Supermarkt tut's auch, aber wenn Sie Zeit haben, warum nicht ihre eigene zubereiten?

2 EL Olivenöl

4 Knoblauchzehen, fein gehackt

2 TL italienische Gewürzmischung

½ TL rote Chiliflocken

½ TL Meersalz

½ TL frisch gemahlener schwarzer Pfeffer

1 Dose (800 g) Tomatenstücke

60 ml Soja-, Mandel- oder Reismilch

1 EL brauner Zucker

Das Öl in einem großen Topf auf mittlerer Flamme erhitzen. Knoblauch, italienische Gewürzmischung, Chiliflocken, Salz und Pfeffer 1 bis 2 Minuten braten. Die Tomaten zugeben und aufkochen lassen. Die Hitze reduzieren und ohne Deckel 15 Minuten köcheln lassen, bis die Sauce angedickt ist. Vom Herd nehmen und die vegane Milch und den braunen Zucker einrühren. Dadurch wird die Säure der Tomaten etwas ausgeglichen. Beliebig abschmecken.

SCHNELLES BASILIKUMPESTO

UNGEFÄHR 180 ML

1 Bund frisches Basilikum

60 ml Olivenöl

1 Knoblauchzehe

1 EL Zitronensaft

¼ TL Meersalz

¼ TL frisch gemahlener schwarzer Pfeffer

Alle Zutaten in die Küchenmaschine geben und glatt pürieren.

BÉCHAMEL

BESCIAMELLA

UNGEFÄHR 720 ML

Diese schlichte weiße Sauce macht sich gut auf Pasta, Pizza und allem, was Ihrer Meinung nach in cremige Sauce getränkt besser schmeckt.

1 TL Öl in einer mittelgroßen Pfanne auf mittlerer Flamme erhitzen. Die Zwiebel zugeben und weich dünsten. Knoblauch zugeben und 1 Minute mitbraten. Vom Herd nehmen. Zwiebel, Knoblauch, Cashewkerne, Wasser, Zitronensaft und Salz in den Mixer geben. Auf hoher Stufe 2 Minuten sehr glatt pürieren.

1 EL Olivenöl

1 große Zwiebel, gehackt

2 Knoblauchzehen, fein gehackt

80 g rohe Cashewkerne oder blanchierte Mandeln

480 ml Wasser

1 EL Zitronensaft

2 TL Meersalz

*Wenn Sie keinen sehr leistungsstarken Mixer (zum Beispiel einen Vitamix) haben, die Cashewkerne bzw. Mandeln über Nacht einweichen oder 10 Minuten in Wasser kochen, dann abtropfen lassen. Dadurch werden sie aufgeweicht, damit die Sahne wirklich seidig glatt wird.

KLASSISCHES PESTO

PESTO ALLA GENOVESE

UNGEFÄHR 160 ML

Basilikum, Pinienkerne, Knoblauch, Zitronensaft und Salz in die Küchenmaschine geben. Mit der Pulse-Funktion fein hacken, dann das Öl einträufeln und glatt pürieren. Beliebig abschmecken.

2 Bunde frisches Basilikum

4 EL Pinienkerne, Cashewkerne oder Walnüsse

2 Knoblauchzehen

1 EL Zitronensaft

¾ TL Meersalz

60 ml Olivenöl

COSCARELLI-TOMATENSAUCE

SALSA ALLA MARINARA

960 ML

Wenn ich Zeit habe, Tomatensauce selbst zu machen, dann kommt immer dieses Familienrezept zum Einsatz. Sie basiert auf einem italienischen Soffritto *(in Amerika häufiger als „mirepoix" bekannt), einer Mischung aus Zwiebeln, Möhren und Sellerie für einen ausgezeichneten Geschmack.*

2 EL Olivenöl

1 Zwiebel, fein gehackt

1 große Möhre, fein gehackt

125 g fein gehackter Staudensellerie

2 Knoblauchzehen, fein gehackt

2 TL italienische Gewürzmischung

½ TL Meersalz

½ TL frisch gemahlener schwarzer Pfeffer

1 Dose (800 g) Tomatenstücke

60 ml Soja-, Mandel- oder Reismilch

1 EL brauner Zucker oder Ahornsirup

Das Öl in einem großen Topf auf mittlerer Flamme erhitzen. Zwiebel, Möhre und Staudensellerie zugeben und braten, bis die Zwiebeln weich sind und das Gemüse bräunlich. Knoblauch, italienische Gewürzmischung, Salz und Pfeffer zugeben und ein paar Minuten mitbraten. Die Tomaten zugeben und aufkochen lassen. Die Hitze reduzieren und ohne Deckel 15 Minuten köcheln lassen, bis die Sauce angedickt ist. Vom Herd nehmen und die vegane Milch und den braunen Zucker einrühren. Dadurch wird die Säure der Tomaten etwas ausgeglichen. Beliebig abschmecken.

SCHNELLE TOMATENSAUCE

SALSA ALLA MARINARA RAPIDA

SAUCE FÜR 450 G PASTA

Wenn Sie möchten, können Sie diese schnelle Tomatensauce mit gebratenen Zwiebeln, Pilzen und Knoblauch noch etwas aufwerten.

1 Glas (800 g) Tomatensauce

60 ml Soja-, Mandel- oder Reismilch

1 EL brauner Zucker oder Ahornsirup

Meersalz

Frisch gemahlener schwarzer Pfeffer

Tomatensauce, vegane Milch und braunen Zucker in einem großen Topf erhitzen. Die Milch und der Zucker mildern die Säure der Tomaten etwas ab. Mit Salz und Pfeffer abschmecken.

CROSTINI

CROSTINI

10 BIS 12 CROSTINI

Dies ist ein Grundrezept für Crostini. Sie können sie nach Wunsch belegen oder dazu einen Dip oder Aufstrich servieren.

Den Backofen auf 220 °C vorheizen.

Die Brotscheiben auf einem großen Backblech ausbreiten und mit Öl beträufeln oder bestreichen. 5 bis 8 Minuten backen, bis die Oberfläche bräunlich geworden ist.

1 dünnes Baguette, schräg in 5 mm dünne Scheiben geschnitten

Olivenöl zum Beträufeln

GLUTENFREIER PIZZATEIG

1 GROSSE PIZZA

Den Backofen auf 175 °C vorheizen. Ein großes Backblech dünn mit Öl bestreichen und mit etwas Maismehl bestreuen.

Mehl, Maismehl, Xanthan, Salz, Backpulver und die italienische Gewürzmischung in einer großen Schüssel vermischen. Wasser, Olivenöl und Ahornsirup zugeben und mit einem großen Löffel untermischen. Den Teig auf das Backblech geben und behutsam zu einem 6 mm dünnen, ovalen Pizzaboden mit einem 1,5 cm dicken Rand formen. Bei Bedarf die Fingerspitzen mit etwas kaltem Wasser anfeuchten und den Teig vorsichtig in Form klopfen. Den gesamten Teig mit Öl bestreichen.

10 Minuten backen. Aus dem Backofen nehmen, mit dem gewünschten Belag belegen und erneut 10 Minuten backen.

200 g glutenfreies Mehl

75 g gelbes Maismehl

1 EL Xanthan

¾ TL Meersalz

1 TL Backpulver

1 TL italienische Gewürzmischung

120 ml Wasser

60 ml Olivenöl, plus etwas mehr zum Bestreichen

1 EL Ahornsirup oder Agavendicksaft

NUDELTEIG

IMPASTO PER PASTA FATTO IN CASA

6 PERSONEN

ANMERKUNG: *Wenn Sie kein Grießmehl haben, können Sie 240 g gewöhnliches Mehl verwenden.*

115 g Seidentofu

2 EL Olivenöl

2 EL Wasser

1 TL Meersalz

200 g Grießmehl

120 g Mehl, plus etwas mehr zum Ausrollen

Alle Zutaten in der Küchenmaschine vermischen, bis sich der Teig zu einer Kugel formt. Auf eine dünn mit Mehl bestäubte Arbeitsfläche setzen und ein paar Minuten lang kneten. Eng mit Frischhaltefolie umwickeln und für mindestens 30 Minuten kalt stellen.

Den Teig in 4 gleich große Stücke zerteilen und die Stücke nacheinander wie folgt verarbeiten. Den Nudelteig mit einer Nudelmaschine ausrollen; dabei häufig mit Mehl bestäuben, damit er nicht klebt. So lange von der Maschine ausrollen lassen, bis er sehr dünn ist (auf Stufe 5).

Mit einem scharfen Messer, einem Pizzaschneider oder in der Nudelmaschine die gewünschte Nudelform aus dem Teig schneiden. Für Pappardelle den Nudelteig in 2 cm breite Streifen schneiden.

RAVIOLITEIG

IMPASTO PER RAVIOLI FATTO IN CASA

6 PERSONEN

Alle Zutaten in der Küchenmaschine vermischen, bis sich der Teig zu einer Kugel formt. Auf eine dünn mit Mehl bestäubte Arbeitsfläche setzen und ein paar Minuten lang kneten. Eng mit Frischhaltefolie umwickeln und für mindestens 30 Minuten kalt stellen.

Den Teig in 4 gleich große Stücke zerteilen und die Stücke nacheinander wie folgt verarbeiten. Den Nudelteig mit einer Nudelmaschine ausrollen; dabei häufig mit Mehl bestäuben, damit er nicht klebt. So lange von der Maschine ausrollen lassen, bis er sehr dünn ist (auf Stufe 4).

Mit einem scharfen Messer, einem Pizzaschneider oder in der Nudelmaschine die gewünschte Nudelform aus dem Teig schneiden.

115 g Seidentofu

2 EL Olivenöl

2 EL Wasser

1 TL Meersalz

240 g Mehl, plus etwas mehr zum Ausrollen

MOZZARELLASAUCE

UNGEFÄHR 360 ML

ANMERKUNG: Übrig gebliebene Sauce kann bis 4 Tage im Kühlschrank oder bis zu 1 Monat im Tiefkühlschrank gelagert werden (dann vor Verwendung wieder auftauen lassen).

Die Cashewkerne und das Wasser in den Mixer geben. Auf hoher Stufe ungefähr 2 Minuten sehr glatt pürieren. Zitronensaft, Salz, Knoblauch, Zwiebelpulver und Maisstärke zugeben und erneut glatt pürieren.

200 g rohe Cashewkerne*

240 ml Wasser

2 EL Zitronensaft

1 ½ TL Meersalz

1 Knoblauchzehe

1 TL Zwiebelpulver

2 EL Maisstärke

*Wenn Sie keinen sehr leistungsstarken Mixer (zum Beispiel einen Vitamix) haben, dann die Cashewkerne über Nacht einweichen oder 10 Minuten in Wasser kochen, dann abtropfen lassen. Dadurch werden sie aufgeweicht, damit die Sahne wirklich seidig glatt wird.

KRÄUTER-KNOBLAUCH-TOAST

PANE TOSTATO ALL'AGLIO CON ERBE AROMATICHE

4 BIS 6 PERSONEN

- 60 ml Olivenöl
- 1 EL Hefeflocken
- 3 Knoblauchzehen, zerdrückt
- ½ dünnes Baguette, schräg in 5 mm dünne Scheiben geschnitten
- Meersalz
- Italienische Gewürzmischung

Öl, Hefeflocken und Knoblauch in einer kleinen Schüssel vermischen.

Die Knoblauchmischung auf den Baguette-Scheiben verstreichen. Mit Salz und italienischer Gewürzmischung bestreuen und 1 bis 2 Minuten im Backofen grillen, bis das Brot so knusprig ist, wie Sie es mögen. Behalten Sie es gut im Auge, es verbrennt sehr schnell!

CHILI-OLIVENÖL

OLIO DI OLIVA AL PEPERONCINO

250 ML

- 250 ml Olivenöl
- 1 EL rote Chiliflocken

Öl und Chiliflocken in einen mittelgroßen Topf geben und auf niedriger Flamme ungefähr 5 Minuten lang erhitzen. Vom Herd nehmen, abkühlen lassen und verschlossen in einem Glas oder einer Flasche im Kühlschrank lagern. Das Chili-Öl ist bis zu 1 Monat haltbar.

PIZZATEIG

450 BIS 675 G

1 Packung aktive Trockenhefe (2 ¼ TL)

240 ml warmes Wasser (ungefähr 43° C)

300 g Mehl (oder halb und halb gewöhnliches Mehl und Vollkornweizenmehl), plus etwas mehr zum Ausrollen

1 EL Olivenöl, plus etwas mehr zum Bestreichen

1 TL Salz

1 EL Zucker oder Ahornsirup

Die Hefe in einer kleinen Schüssel im Wasser auflösen. Ungefähr 10 Minuten beiseitestellen, bis sich Bläschen bilden.

Mehl, Öl, Salz, Zucker und die Hefemischung in einer großen Schüssel vermischen. Mit leicht mit Mehl bestäubten Händen oder einem mit Knethaken ausgestatteten elektrischen Mixer zu einem festen Teig mischen. Wenn der Teig zu klebrig ist, teelöffelweise mehr Mehl einarbeiten. Den Teig in eine gut geölte Schüssel setzen und drehen, sodass die Teigkugel von allen Seiten vollständig mit Öl bedeckt ist. Dadurch vermeiden Sie, dass der Teig beim Aufgehen an der Schüssel klebt. Mit einem trockenen Küchentuch bedecken und an einen warmen Ort in der Küche stellen, bis sich sein Volumen verdoppelt hat (das dauert ungefähr 1 bis 1 ½ Stunden).

Dann den Teig auf eine dünn mit Mehl bestäubte Arbeitsfläche setzen, zu einer Scheibe formen und 5 Minuten mit der Lenkradmethode* (siehe unten) kneten. Sofort verwenden oder eng in Frischhaltefolie einwickeln und zur späteren Verwendung kalt stellen oder gefrieren. Vor Verwendung bei Zimmertemperatur auftauen lassen.

*Lenkradmethode: Den Teig zu einer Scheibe formen und eine Hand auf zwölf Uhr (an den obersten Punkt) legen. Den Teig von zwölf auf sechs Uhr umschlagen. Mit dem Handballen den Teig von sechs nach zwölf Uhr pressen. Den Teig eine Vierteldrehung drehen. Den ganzen Vorgang 5 Minuten lang wiederholen.

SHIITAKE-SPECK

PANCETTA DI SHIITAKE

SPECK FÜR 450 G PASTA

Verwenden Sie diesen Speck in Pasta- und Pizzarezepten.

450 g Shiitake, Stiele entfernt und dünn (ungefähr 6 mm) geschnitten

60 ml Olivenöl

1 ¼ TL Meersalz

½ TL frisch gemahlener schwarzer Pfeffer

Den Backofen auf 190 °C vorheizen.

Die Pilze auf einem großen Backblech in Öl, Salz und Pfeffer schwenken. Ungefähr 30 Minuten backen, bis sie bräunlich und knusprig sind. Dabei häufig wenden.

ROCKIN' RICOTTA

RICOTTA

UNGEFÄHR 720 ML

Eines der Dinge, die mir als Amerikanerin mit italienischen Wurzeln Freude bereiten, ist es, amerikanische Zutaten in traditionelles italienisches Essen zu integrieren. Tofu ist eine wunderbare vegane Zutat mit einer ricotta-ähnlichen Konsistenz.

TIPP ZUR ZUBEREITUNG IM VORAUS: Der Ricotta kann einen Tag im Voraus zubereitet und im Kühlschrank gelagert werden.

1 EL Olivenöl

1 große Zwiebel, grob gehackt

3 Knoblauchzehen

1 Packung (400 g) sehr fester Tofu, abgetropft

2 EL Zitronensaft

2 TL Meersalz

1 ½ TL frisch gemahlener schwarzer Pfeffer

3 Bunde frisches Basilikum

Das Öl in einer großen Pfanne auf mittlerer Flamme erhitzen und die Zwiebel weich dünsten. Vom Herd nehmen.

Zwiebel, Knoblauch, Tofu, Zitronensaft, Salz, Pfeffer und Basilikum in die Küchenmaschine geben. Mit der Pulse-Funktion stoßartig mixen, sodass alles gut vermengt ist, aber noch etwas Struktur hat. Beliebig abschmecken.

PARMESAN

PARMIGIANO

UNGEFÄHR 70 G

Verwenden Sie diesen Parmesan auf Pasta oder Pizza genau wie herkömmlichen Parmesankäse. Er kann bis zu 6 Monate im Tiefkühlschrank gelagert und bei Bedarf verwendet werden.

65 g blanchierte Mandeln
1 EL Hefeflocken
½ TL Meersalz
1 TL Ahornsirup

Mandeln, Hefeflocken und Salz in der Küchenmaschine zu einem feinen Mehl verarbeiten. Mit dem Ahornsirup beträufeln und erneut ein paarmal mit der Pulse-Funktion vermengen.

GERÖSTETE SEMMELBRÖSEL

PANE GRATTUGIATO TOSTATO

30 G

Für etwas knusprigen Biss auf Pasta oder Gemüse streuen. Die Semmelbrösel können im Tiefkühlschrank gelagert werden.

2 TL Olivenöl
30 g italienische Semmelbrösel
Meersalz

Das Öl in einer großen Pfanne auf mittlerer Flamme erhitzen. Die Semmelbrösel in die Pfanne geben und salzen. Leicht braun rösten und dabei häufig umrühren, damit sie nicht anbrennen.

KOKOS-SCHLAGSAHNE

PANNA MONTATA AL COCCO

UNGEFÄHR 360 ML

ANMERKUNG: *Die besten Ergebnisse erzielen Sie, wenn Sie die Kokos-Schlagsahne vor dem Servieren einige Stunden oder über Nacht kalt stellen.*

Die Schüssel und den Schneebesen Ihrer Küchenmaschine ungefähr 10 Minuten lang im Tiefkühlschrank kalt werden lassen. Wenn sie nicht kalt genug sind, lässt sich die Sahne nicht richtig aufschlagen. Den fest gewordenen Anteil der Kokosmilch aus der kalt gestellten Dose abschöpfen und in die Schüssel Ihrer Küchenmaschine geben. Lassen Sie das flüssige Kokoswasser vollständig zurück, selbst wenn Sie eine kleine Menge der festen Kokossahne opfern müssen (bereits eine geringe Menge Kokoswasser kann zu einem schlechteren Ergebnis führen).

Den Puderzucker zugeben und ein paar Minuten lang aufschlagen, bis die Sahne steif wird. Die aufgeschlagene Sahne in einem verschlossenen Behälter einige Stunden oder über Nacht kalt stellen. Sie wird noch fester.

1 Dose (400 g) Kokosmilch (keine „light"-Variante), über Nacht im Kühlschrank kalt gestellt (vorher nicht schütteln oder umrühren)

55 g Puderzucker

SCHOKOLADEN-GANACHE

CREMA DI CIOCCOLATO

UNGEFÄHR 240 ML

Die Schokoladendrops mit der veganen Milch im Wasserbad oder der Mikrowelle schmelzen. Das Öl zugeben und die Ganache glatt rühren.

200 g dunkle Schokoladendrops (milchfrei)

60 ml Kokos-, Mandel- oder Sojamilch

2 EL Rapsöl

CHLOES VEGANER „NUTELLA"-AUFSTRICH

"NUTELLA" VEGANA

UNGEFÄHR 600 ML

TIPP ZUR ZUBEREITUNG IM VORAUS: *Der Aufstrich kann im Voraus zubereitet und bis zu 1 Woche im Kühlschrank gelagert werden. Vor Verwendung bei Zimmertemperatur etwas weich werden lassen.*

200 g dunkle Schokoladendrops (milchfrei)

160 g Mandeln, mit oder ohne Häute

½ TL Mandelextrakt

60 ml Soja-, Mandel- oder Reismilch

Die Schokoladendrops im Wasserbad oder der Mikrowelle vollständig schmelzen. Die Mandeln in der Küchenmaschine zu einem sehr feinen, mehligen Pulver verarbeiten. Die geschmolzene Schokolade, Mandelextrakt und vegane Milch zugeben. Sehr glatt pürieren. Versuchen Sie die Masse so glatt und cremig wie möglich zu pürieren, aber wahrscheinlich werden einige kleine Mandelstückchen zurückbleiben.

CHLOES TIPP:

Nutella ist eines dieser Lebensmittel, die man auf den ersten Blick für vegan halten könnte, doch leider enthält dieser köstliche Aufstrich Schokolade, Haselnüsse und Kuhmilch. Meine Version enthält milchfreie Schokoladendrops und Mandeln.

PASSATTO DI POMODORO • PUREE TOMATOES
San Marzano
Puree
POLPA DI POMODORO
San Marzano
Crushed
POMODORI PELATI
POMODORO CUBETTI
San Marzano
Diced

DER VEGANE ITALIENISCHE VORRATSSCHRANK

Hier finden Sie eine Liste aller Zutaten, die Sie kennen müssen, um veganes Kochen supereinfach zu machen. Sie haben Glück, denn die Schönheit der italienischen Küche liegt in der Einfachheit ihrer Zutaten; um dieser Liste folgen zu können, müssen Sie daher kein Wörterbuch ausgraben!

NÜSSE

Nüsse sind in der italienischen Küche unabdingbar, egal ob Mandeln, Cashewkerne, Walnüsse, Pinienkerne oder Pistazien. Sie sind nicht nur ein Hauptbestandteil in Pestos und vielen italienischen Desserts, sondern machen sich auch wunderbar als vegane Sahne- und Käsealternativen. Wenn sie mit Wasser und anderen Zutaten püriert werden, können Sie aus Mandeln eine cremige Alfredosauce zaubern und Cashewkerne lassen sich zu einer fantastischen Mozzarellasauce verarbeiten. Wenn Sie gegen Nüsse allergisch sind, finden Sie auf Seite 5 einige Alternativen.

FETTE UND ÖLE

Olivenöl

Olivenöl, das am häufigsten in der italienischen Küche verwendete Öl, ist reich an Antioxidantien und Vitamin E. Es ist eine großartige Quelle für herzgesundes einfach ungesättigtes Fett und hilft den Cholesterinspiegel zu senken. Olivenöl ist eine gute Wahl fürs Braten und Bräunen bei mittlerer Hitze. Es ist außerdem wunderbar in Salatdressings und Saucen und zum Beträufeln des fertigen Gerichts. Ich verwende am liebsten natives Olivenöl extra, das bei der ersten Pressung der Oliven

gewonnen wird und so geschmacklich das reinste und am wenigsten säuerliche Olivenöl ist. In meinem Rezept für hausgemachtes Chili-Olivenöl (Seite 238) wird dem reinen Olivenöl das Aroma der Chilis eingeflößt. Es ist das Olivenöl, das ich am liebsten auf Pizza und Pasta träufele, um ihnen einen Schärfekick zu verpassen.

Rapsöl

Rapsöl ist mein Öl der Wahl zum Backen oder Kochen bei hoher Hitze. Es ist arm an gesättigtem Fett, aber reich an gesunden Omega-3-Fettsäuren. Es hat einen sehr milden Geschmack und einen hohen Rauchpunkt. All diese Eigenschaften machen es zu einer außergezeichneten Wahl zum Kochen, Backen und Braten bei hohen Temperaturen. Andere mild schmeckende Öle sind Pflanzenöl, Distelöl und Traubenkernöl, die auch anstelle von Rapsöl verwendet werden können.

Kokosöl

Kokosöl, das aus Kopra (getrocknetem Kokosnussfleisch) gewonnen wird, ist eines der wenigen gesättigten Fette, die nicht tierischen Ursprungs sind, und ist sogar sehr gesund. Es ist reich an Laurinsäure, die viele antivirale, antibakterielle und antioxidative Eigenschaften hat, die Krankheiten wie Herzerkrankungen, Diabetes, Krebs und HIV bekämpfen. Es ist außerdem frei von Cholesterin und Transfetten. Da Kokosöl sehr hitzestabil ist, ist es perfekt fürs Kochen oder Braten bei hoher Hitze. Es ist im Vorratsschrank bis zu zwei Jahre haltbar.

Kokosöl ist bei Zimmertemperatur fest, wodurch es fürs Backen wunderbar geeignet ist. Unraffiniertes Kokosöl hat einen Kokosgeschmack, raffiniertes Kokosöl hingegen nicht. Sie können vegane Margarine oder Pflanzenfett in meinen Rezepten durch die gleiche Menge raffiniertes Kokosöl ersetzen. Es ist besonders gut geeignet in meinen Kuchenglasuren und Keksen.

Vegane Margarine

Vegane Margarine ist fürs vegane Kochen und Backen eine super Alternative zu Butter. Meine Lieblingsmarke ist in Blöcken oder Behältern erhältlich. Sie besteht aus einer Ölmischung, es gibt aber auch sojafreie Sorten. Sie ist vollkommen natürlich, ungehärtet und frei von Transfetten. Sie ist im Supermarkt oder Naturkostgeschäft erhältlich.

Ungehärtetes Pflanzen- oder Backfett

Backfett ist eine fest gewordene Ölmischung, die wunderbar zur Zubereitung von cremigen Glasuren und blättrigen Kuchenteigen geeignet ist. Vergewissern

Sie sich, die gesündeste Variante zu kaufen, indem Sie auf der Verpackung auf das Wort „ungehärtet" achten.

WÜRZE

Kräuter

Kräuter sind in der italienischen Küche unabdingbar. Ich verwende sowohl frische als auch getrocknete Kräuter. Ein Teil getrocknete Kräuter entspricht ungefähr drei Teilen frischen. Die häufigsten italienischen Kräuter sind Basilikum, Petersilie, Thymian und Rosmarin. Kaufen Sie italienische, glatte Petersilie für die Rezepte in diesem Buch (nicht die krause Petersilie, die normalerweise als Garnierung auf Omeletts dient)!

Kapern

Kapern sind die eingelegten Knospen des Kapernstrauchs. Sie werden in Salz oder einer Essiglake eingelegt und haben einen recht beißenden Geschmack. Kapern sind lecker als Alternative zu Sardellen in der italienischen Küche aufgrund ihres herben, salzigen Geschmacks. Es gibt sie in den meisten Lebensmittelgeschäften in kleinen Gläschen bei den eingelegten Gurken und Oliven.

Hefeflocken

Nicht zu verwechseln mit Bierhefe oder aktiver Hefe, die zum Brotbacken verwendet wird. Hefeflocken haben einen nussigen, käseähnlichen Geschmack. Sie sind eine gute Quelle von Aminosäuren und B-Vitaminen. Die meisten Marken sind von Natur aus glutenfrei. Hefeflocken verleihen meinen Pesto-Makkaroni mit Käse (Seite 134) die gelbe Farbe und den käsigen Geschmack. Hefeflocken gibt es in den meisten Naturkostgeschäften oder in der Abteilung für Ergänzungsmittel und über den Internethandel bezogen werden können.

Salz

Salz betont und bringt die verschiedenen Aromen im Essen zur Geltung. Ich koche gern mit feinem Meersalz, das unraffiniert, ungebleicht und reich an gesundheitsfördernden Spurenelementen ist. Auch der Geschmack ist dem des gewöhnlichen Speisesalzes weit überlegen. Fleur de sel ist ein feuchtes, handgeerntetes Meersalz aus Frankreich, das am besten zum Abschluss eines Gerichtes verwendet wird, wie zum Beispiel bei meinen Schokoladen-Crostini mit Meersalz und Orangenschale (Seite 185).

Sojasauce

Sojasauce verleiht vielen veganen Gerichten Geschmack, Salz und Farbe; Shoyu und Tamari sind zwei Sorten Sojasauce. Shoyu ist eine natürliche Sojasauce, die aus fermentierten Sojabohnen und Getreide hergestellt wird; Tamari hingegen ist frei von Weizen. Glutenfreie Tamari erhalten Sie in Ihrem Naturkostladen. Sie kann anstelle von Sojasauce eingesetzt werden. Es gibt auch biologische glutenfreie Sojasauce zu kaufen.

Essig

Essig ist eine saure Flüssigwürze, die Gerichten einen herben, säuerlichen Geschmack verleiht. In der italienischen Küche kann etwas Balsamicoessig (ein „gereifter" für einen süßeren Geschmack), wenn er auf fertige Speisen geträufelt wird, das Gericht aufhellen und die Aromen zum Leben erwecken. Essig wird auch häufig beim veganen Backen als Ersatz für Eier verwendet. In Kombination mit Backnatron hilft Essig beim Binden und Aufgehen von Backwaren. Am häufigsten verwende ich weißen, Apfel-, Malz- und Reisessig.

MEHL

Weizenmehl

Es gibt viele verschiedene Sorten Mehl zum Kochen und Backen. In vielen meiner Rezepte verwende ich ungebleichtes Weizenmehl. Es wird auch als gewöhnliches weißes Mehl bezeichnet und erzeugt ein leichtes, zartes Gebäck. Ich verwende es in Gebäck sowie Nudel- und Pizzateig. Vollkornweizenmehl ist eine unraffinierte Alternative zu Weizenmehl. Wenn Sie möchten, können Sie je zur Hälfte ein leichtes Vollkornweizenmehl und ungebleichtes Weizenmehl verwenden.

Grießmehl

Grießmehl ist grob gemahlener Hartweizen, der häufig zur Zubereitung von frischen Nudeln und anderen frisch zubereiteten italienischen Weizenprodukten verwendet wird. Grießmehl verleiht frischen Nudeln etwas Biss und verhindert die Entstehung einer eher gummiartigen Konsistenz.

Maismehl

Maismehl oder Polenta ist ein durch Mahlen von getrockneten Maiskörnern hergestelltes Mehl. Am häufigsten sind gelbes und weißes Maismehl; gelbes ist etwas süßer im Geschmack. Gelbes Maismehl ist einfach auf dem Herd gekocht sehr lecker, wie zum Beispiel meine cremige Polenta mit Ragout aus geröstetem Gemüse (Seite 158). Ich verwende gelbe Polenta außerdem, um meine Brot- und Pizzateige extra knusprig zu bekommen und um zu verhindern, dass der Teig an der Form klebt.

Glutenfreies Mehl

Das „Gluten-Free All-Purpose Baking Flour" von Bob's Red Mill ist ein ausgezeichnetes Produkt, das in gleichen Mengen das Mehl in vielen meiner Rezepte ersetzen kann. Es wird aus einer Mischung aus Kichererbsenmehl und Kartoffelstärke zubereitet und ist in einigen Lebensmittelgeschäften oder online erhältlich. Es gibt so viele verschiedene Hersteller von glutenfreiem Mehl, aber ich habe festgestellt, dass ich mit Bob's Red Mill die besten Ergebnisse erziele. Wenn Sie in einem Rezept Mehl durch glutenfreies Mehl ersetzen, achten Sie darauf, dass auch alle anderen im Rezept verwendeten Zutaten glutenfrei sind, zum Beispiel Schokoladendrops, Extrakte, Backpulver und so weiter.

Beachten Sie, dass glutenfreies Mehl zwar in fast allen meiner Dessertrezepte mit ausgezeichneten Ergebnissen verwendet werden kann, es aber sehr wichtig ist, außerdem die im Rezept angegebene Menge Xanthan (Seite 258) hinzuzufügen. Außerdem kann die Backzeit von Gebäck mit glutenfreiem Mehl variieren.

GETREIDE

Ein Getreidekorn ist ein kleiner harter Samen, von denen es viele Sorten gibt. Die häufigsten Getreide sind Weizen, Reis, Roggen, Gerste und Mais. Quinoa ist zwar ein Pseudogetreide, gilt aber als Superfood und als vollständige Eiweißquelle, da Quinoa alle acht essenziellen Aminosäuren enthält.

HÜLSENFRÜCHTE

Zu der Familie der Hülsenfrüchte zählen Bohnen, Linsen, Erbsen und Erdnüsse. Sie sind gute Eiweiß- und Ballaststoffquellen. In der italienischen Küche sind weiße Cannellinibohnen und Linsen besonders beliebt.

FLEISCHALTERNATIVEN

Tempeh

Tempeh ist ein fermentiertes Sojaprodukt, das extrem reich an Eiweiß und Ballaststoffen ist. Es stammt aus Indonesien und hat eine nussige Struktur und einen milden Geschmack. Keine Sorge, wenn Sie schwarze Punkte auf Ihrem Tempeh sehen. Das ist ein völlig normales Anzeichen des Fermentationsvorgangs. Nach dem Öffnen ist Tempeh im Kühlschrank bis zu zehn Tage und im Tiefkühlschrank bis zu drei Monate haltbar. Tempeh kann zerbröselt, geschnitten, gewürfelt und mariniert und als Fleischalternative verwendet werden. Es ist neben dem Tofu in der Kühlabteilung Ihres Naturkostgeschäfts zu finden.

Seitan

Seitan wird aus Gluten, dem Eiweiß in Weizenmehl, hergestellt. Es ist zäh, herzhaft und nimmt würzige Saucen sehr gut in sich auf. Zubereitet wird es auf erdenklich einfache Weise, indem Weizenmehl mit Wasser vermischt wird, doch es ist auch abgepackt in Ihrem Naturkostgeschäft erhältlich. Wenn Sie die Eigenherstellung ausprobieren möchten, finden Sie in meinem ersten Buch, *Chloe's Kitchen*, ein Rezept.

Tofu

Tofu ist eine häufig verwendete Zutat der vegetarischen Küche. Er ist reich an Eiweiß und Eisen und sehr arm an Kalorien und Fett. Er wird aus Sojabohnen hergestellt und nimmt den Geschmack von Dressings, Marinaden oder Saucen auf; eine Eigenschaft, die aus ihm eine vielseitige Fleischalternative macht. Ich koche gern mit zwei bestimmten Sorten Tofu: Seidentofu und sehr festem Tofu. Seidentofu ist ein sehr weicher Tofu, der sich püriert ideal zu Salatdressings oder Dips verarbeiten lässt. Sehr fester Tofu kann zerbröselt, gebacken und gebraten werden. Wenn Sie Tofu übrig haben, kann er in einem Behälter mit frischem Wasser bedeckt bis zu fünf Tage im Kühlschrank aufbewahrt werden. Das Wasser alle zwei Tage wechseln. Tofu lässt sich gut einfrieren. Nach dem Auftauen ist seine Konsistenz fest und zäh, wodurch er perfekt für herzhafte Gerichte geeignet ist.

PILZE

Pilze sind das einzige Gemüse, das ich an dieser Stelle anspreche, da sie eine saftige, fleischige Konsistenz haben, was sie zu einer fantastischen Zutatenwahl in der veganen Küche macht. Sie sind reich an Antioxidantien, Eiweiß und Ballaststoffen. Pilze sind außerdem eine gute Quelle von Mineralstoffen wie Selen, die Herzerkrankungen und Krebs bekämpfen. Wählen Sie Pilze, die sich fest und trocken anfühlen, und putzen Sie sie mit einem angefeuchteten Tuch. Die Stielenden aller Pilze vor Verwendung kürzen. Denken Sie daran, dass die Stiele von Shiitake nicht essbar sind. Die Pilze, die ich am häufigsten verwende, sind braune und weiße Champignons, Shiitake, Austernpilze und Steinpilze.

VEGANE MILCH

Es gibt viele vegane Milchalternativen, darunter Soja-, Mandel-, Reis und Kokosmilch. Sie sind gesunde, fettarme Alternativen für alle, die Kuhmilch vermeiden möchten. Vegane Milch ist häufig mit Vitaminen angereichert und frei von Cholesterin und Laktose. Es gibt sie gesüßt, ungesüßt und mit Schokoladen- oder Vanillegeschmack. Pflanzliche Milchalternativen gibt es in gekühlten Tüten oder sterilen Getränkekartons, die bis zum Öffnen nicht gekühlt werden müssen und für unterwegs und auf Reisen perfekt sind.

Sojamilch

Sojamilch wird aus Sojabohnen und Wasser hergestellt und enthält fast genauso viel Eiweiß wie Kuhmilch, ist aber frei von Cholesterin und arm an gesättigtem Fett.

Mandelmilch

Mandelmilch wird aus pulverisierten Mandeln und Wasser hergestellt. Der Mandelgeschmack ist sehr mild. Mandelmilch ist vergleichsweise dickflüssig und wird mit Calcium, Vitamin D und anderen Vitaminen angereichert. Sie enthält kein gesättigtes Fett, ist cholesterinfrei und sehr kalorienarm.

Reismilch

Reismilch ist eine gute Alternative für Nuss- oder Sojaallergiker. Der gemahlene Reis wird mit Wasser gemischt, was eine dünnflüssige Milch erzeugt, und mit Vitaminen angereichert. Sie ist natriumarm und enthält weder gesättigtes Fett noch Cholesterin.

Kokosmilch

Kokosmilch ist dickflüssig und cremig, wodurch sie die perfekte Milch für asiatische Saucen, Currys und Desserts ist. Das in Kokosmilch enthaltene Fett ist gesund – sogenanntes gutes Fett – und trägt nicht zu Herzerkrankungen bei und ist gut für das Herz-Kreislauf-System. Sie bekommen Kokosmilch in Dosen oder Getränkekartons in der Kühlabteilung Ihres Lebensmittelgeschäfts. Ich verwende lieber Kokosmilch aus der Dose, da sie etwas dicker ist. Abgesehen von meinem Rezept für Kokos-Schlagsahne (Seite 245) können Sie Dosen-Kokosmilch immer durch eine „light"-Variante ersetzen, die einen niedrigeren Fettgehalt hat.

PASTA

Mir wird immer wieder dieselbe Frage gestellt: „Sind Nudeln vegan?" Ja und nein. Getrocknete Nudeln sind fast immer vegan (mit Ausnahme von Eiernudeln). Frische Nudeln hingegen werden zumeist mit Eiern zubereitet. Sie können mit meinem Rezept für hausgemachten Nudelteig (Seite 236) zubereitete Nudeln in allen meinen Pastarezepten verwenden; oder kaufen Sie getrocknete Nudeln im Supermarkt. Sie können gewöhnliche Weizennudeln („weiße" Nudeln), Vollkornweizennudeln oder glutenfreie Alternativen verwenden. Glutenfreie Reispasta wird aus braunem Reis und Wasser hergestellt. Diese Nudeln haben eine etwas weichere Konsistenz und eine etwas längere Kochzeit als Weizennudeln. Es gibt außerdem Quinoanudeln, die ebenfalls glutenfrei sind und eine wunderschöne, goldgelbe Farbe haben.

SÜSSUNGSMITTEL

Zucker

Bei der Wahl eines Kristall- oder Puderzuckers zum Backen achte ich auf Aufschriften wie „biologisch" und „fairtrade".

Agavendicksaft

Agavendicksaft oder -nektar ist ein natürliches, unraffiniertes flüssiges Süßungsmittel, das aus den Blättern der mexikanischen Agave gewonnen wird. Agavendicksaft hat einen süßeren Geschmack als Zucker und außerdem einen niedrigeren glykämischen Index. Ich verwende am liebsten einen hellen Agavendicksaft aufgrund seines milden Geschmacks und klaren Farbtons, aber Sie können auch die dunkleren Sorten verwenden.

Ahornsirup

Reiner Ahornsirup ist ein natürliches, unraffiniertes flüssiges Süßungsmittel, das nicht nur zum Übergießen von Pfannkuchen perfekt ist. Sein unverkennbarer Ahorngeschmack kann viele herzhafte Gerichte und Gebäck bereichern.

VERDICKUNGSMITTEL

Xanthan

Xanthan ist ein feines Pulver, das beim Backen zum Verdicken, Stabilisieren und Emulgieren verwendet wird. Es ist eine wichtige Zutat für glutenfreies Gebäck. Immer, wenn Sie das glutenfreie Mehl von Bob's Red Mill verwenden, geben Sie zusätzlich am besten außerdem die auf der Mehltüte angegebene Menge Xanthan hinzu. Xanthan ist in den meisten Naturkostgeschäften oder online erhältlich.

Guarkernmehl

Guarkernmehl ist ein feines Pulver, das zum Verdicken, Stabilisieren und Emulgieren von hauptsächlich kalten Speisen verwendet wird. Ich verwende Guarkernmehl, wenn ich Eiscreme selbst zubereite, da es sie cremig dick und geschmeidig macht. Guarkernmehl ist in den meisten Naturkostgeschäften oder online erhältlich.

Maisstärke und Pfeilwurzelmehl

Maisstärke oder Speisestärke ist ein feines, aus Maiskörnern hergestelltes Pulver. Pfeilwurzelmehl ist ein feines Pulver, das aus dem Wurzelstock eines tropischen Knollengewächses hergestellt wird. Sowohl Maisstärke als auch Pfeilwurzelmehl werden zur Verdickung von Saucen und Puddings verwendet. Pfeilwurzelmehl ist eine gute maisfreie Alternative zur Maisstärke; beide können frei gegeneinander ausgetauscht werden.

BACKEN

Schokoladendrops

Ich verwende dunkle, halbbittere Schokoladendrops in vielen meiner Dessertrezepte. Sie können ganz verwendet oder erst geschmolzen werden. Viele Marken stellen dunkle Schokoladendrops her, die keine Milch enthalten. Sie können auch als „milchfrei" oder „vegan" gekennzeichnete Schokoladendrops in Ihrem Naturkostgeschäft beziehen.

Ungesüßtes Kakaopulver

Es gibt zwei Arten ungesüßtes Kakaopulver, alkalisiertes und natürliches. Alkalisierter Kakao durchläuft ein Verfahren, um ihn weniger sauer zu machen, wodurch er einen reichhaltigeren und weniger bitteren Geschmack bekommt. Ich ziehe alkalisiertes Kakaopulver vor. Allerdings funktionieren meine Rezepte mit jedem reinen, ungesüßten Kakaopulver, das Sie gerade zur Hand haben.

Instant-Espresso-Pulver

Espressopulver ist ein sehr dunkler und starker Instantkaffee. Ich verwende es in vielen meiner Dessertrezepte für den Kaffeegeschmack. Wenn Sie kein Espressopulver finden, können Sie stattdessen dieselbe Menge fein gemahlenen Instantkaffee verwenden. Auch entkoffeinierter Instant-Espresso oder -Kaffee ist geeignet.

Extrakte

Mit einem oder zwei Teelöffeln Extrakt lassen sich Geschmacksrichtungen und Aromen großartig intensivieren. Achten Sie darauf, natürliche Extrakte zu kaufen, um künstliche Aromastoffe und Chemikalien zu vermeiden.

Kokosraspeln

Kokosraspel oder Kokosflocken verleihen Kokoskuchen und -törtchen noch mehr Geschmack und Struktur. Sie können gesüßte oder ungesüßte Kokosraspel verwenden. Kokosraspel vor Verwendung zu rösten, macht Ihre Nachspeise noch ein bisschen knuspriger.

GERÄTE UND AUSSTATTUNG

Mixer

Ein Mixer ist wichtig für die Zubereitung von Cremesaucen, pürierten Suppen, Eiscremebasen und Pastasaucen. Für die Rezepte in diesem Buch ist jeder Mixer geeignet. Ich verwende am liebsten einen Vitamix, ein sehr hochtouriges, hochleistungsfähiges Gerät, das in Gastronomiegeschäften, Fachmärkten und online erhältlich ist. Ein weniger leistungsstarker Mixer funktioniert auch; dann müssen Sie beim Mixen nur gelegentlich die Masse mit einem Küchenspatel von den Rändern nach unten abstreichen.

Küchenmaschine

Die Küchenmaschine ist das Arbeitstier der Küche. Sie ermöglicht es Ihnen, bei der Zubereitung von Nudelteig, beim Hacken von Nüssen, Reiben von Zucchinis, Raspeln von Schokolade und vielen anderen Arbeitsschritten Abkürzungen zu nehmen. Ich empfehle die Anschaffung einer Küchenmaschine mit mindestens 2,75 l Fassungsvermögen; mit kleineren müssen Sie gegebenenfalls portionsweise arbeiten.

Backpapier

Backpapier wird mit einem Silikonfilm überzogen, damit Backwaren nicht daran haften bleiben. Es gibt Backpapier sowohl als Rollen als auch als bereits zugeschnittene Blätter. Legen Sie damit Ihre Backbleche aus, damit Ihr Gebäck nicht am Blech klebt. Backpapier ist Wachspapier vorzuziehen, da Wachspapier nicht immer backofengeeignet ist.

Handmixer oder Mixer der Küchenmaschine

Die Mixfunktion der Küchenmaschine ist nützlich, um Teig zu kneten, flüssigere Teige zu mischen und Kuchenglasuren aufzuschlagen. Wenn Sie aber in der Küche keinen Platz für eine Küchenmaschine haben, tut's ein elektrischer Handmixer auch.

Eismaschine

Eismaschinen gibt es in den unterschiedlichsten Formen, Größen und Preisklassen. Sie müssen keine teure, industrielle Eismaschine kaufen, um meine Eiscremerezepte zuzubereiten.

Eisportionierer

Eisportionierer eignen sich super, um gleichmäßige Mengen Teig abzustechen. So sieht Ihr Gebäck professionell und einheitlich aus. Zum Portionieren von Keksteig verwende ich am liebsten einen Portionierer, der ungefähr einen oder zwei Esslöffel fassen kann. Für Cupcake-Teig verwende ich am liebsten einen Portionierer, der vier Esslöffel fassen kann, wenn es normalgroße Cupcakes werden sollen, und für Mini-Cupcakes einen kleineren Portionierer für einen Esslöffel.

Backbleche und Kuchenformen

Backbleche und Kuchenformen gibt es in verschiedenen Formen und Größen. Ich empfehle, folgende Ausstattung in der Küche zu haben:

- zwei 23 cm große, runde Kuchenformen
- eine 23 × 33 cm große Backform
- eine 20 cm große, quadratische Backform
- zwei oder drei große Backbleche
- zwei Cupcake-Formen für je 12 Cupcakes
- zwei Mini-Cupcake-Formen für je 24 Cupcakes

CHLOES ITALIENISCHE LIEBLINGSRESTAURANTS

John's of 12th Street *(New York City, USA)*

Eataly *(New York City, USA)*

La Masseria Ristorante *(New York City, USA)*

Lombardi's Pizza *(New York City, USA; der Pizzateig ist vegan!)*

Vinnie's Pizzeria *(Brooklyn, USA)*

Scarpetta *(New York City, Beverly Hills, Toronto, Kanada)*

Il Pastaio *(Beverly Hills, USA)*

Purgatory Pizza *(Los Angeles, USA)*

The Original Pizza Cookery *(Los Angeles, USA)*

Bay Cities Italian Deli & Bakery *(Santa Monica, USA)*

Rosti Tuscan Kitchen *(Santa Monica, USA)*

Ristorante Da Mario *(Florenz, Ialien)*

Pizza & Co. *(Lecce, Italien)*

Ike's Place *(San Francisco, USA)*

DANKSAGUNGEN

Danke an meine innovative Lektorin bei Atria/Simon & Schuster, Leslie Meredith. Dies ist das dritte Buch, das wir gemeinsamen veröffentlicht haben, und ich könnte dir nicht dankbarer sein für deine Unterstützung über die Jahre. Kaum zu glauben, dass alles mit unserem ersten Treffen begann, bei dem wir uns so gut verstanden und du mir so leckere vegane Cupcakes angeboten hast! Ein ganz besonderes Dankeschön geht an meine neuen Freunde bei Atria/Simon & Schuster, Präsidentin und Verlegerin Judith Curr, Benjamin Lee (associate publisher), Paul Olsewski (publicity director), Lisa Sciambra (assistant publicity director), Dana Sloan (art director), Kris Tobiassen (designer), Jackie Lou (publishing manager), Raymond Chokov (manager of prepress services), Elizabeth Parson (indexer) und Donna Loffredo (associate editor).

Danke an meine älteste Freundin Danielle und ihre italienische *amore* Lele, die mir gemeinsam die besten Webseiten, das beste Essen und die beste Gastfreundschaft gezeigt haben, die Italien zu bieten hat. Danke für eure Hilfe bei den italienischen Übersetzungen in diesem Buch! *Ti voglio bene*.

An all meine Freunde, Verwandten, Nachbarn und Mitbewohner von Kalifornien bis nach New York City, danke, dass ihr zu meinen Dinnerpartys zum Rezeptetesten gekommen und des italienischen Essens nie überdrüssig geworden seid. Danke, Mommy, Daddy, Andy und Rocio, dass ihr immer für mich da seid. Daddy und Grandpa – ich glaube, in dieses Buch könnt ihr euch wirklich verbeißen!

An all meine Rezeptetester und Lektoren: Einige von euch kommen von der Kochschule, andere von der Uni, aber jeder von euch war das schärfste Messer in der Schublade. Danke, dass ihr euch jeden Montag in meiner Wohnung in New York versammelt und mit mir eine Million Rezepte getestet und gekostet habt: Tifanni Brown – Expertin für vegane Makkaroni mit Käse-, Tae Richmond-Moll, Sarah Scheffel, Katie Lee, Bridget Doherty, Alyssa Loscalzo,

Callie McBride, Nancy Sobel Butcher, Stephanie Kivich, Justine Ma und Matt und Matthew Monteiro.

Ein ganz besonderes Dankeschön gilt:

Ann Marie Monteiro: Du hast ein unaufhaltsames Team aus Rezeptetestern von überall aus dem Land handverlesen und organisiert, und ich bin dir für immer dankbar. Aufgrund deiner harten Arbeit kann ich darauf vertrauen, dass jedes Rezept in diesem Buch perfekt ist.

Susan Antoniewicz: Du warst bereit, dich in Gebiete vorzuwagen, die vor dir kein Tester betreten hatte. Du warst ein Genie im Umgang mit dem Pastazubehör unserer Testküche und hast Nudeln zubereitet, als gäbe es kein Morgen. Du hast die schwierigsten Aufgaben übernommen und sie mit Leichtigkeit erledigt.

Umarmungen und viel Dankbarkeit gehen an: meine wunderbare Literaturagentin Janis Donnaud; die fantastische Fotografin des Coverbilds, Miki Duisterhof; die wunderbare Lebensmittelstylistin Mariana Velasquez; Steven Boljonis; die kreative Lebensmittelfotografin Teri Lyn Fisher; die detailorientierte Lebensmittelstylistin Jenny Park; die hippe Visagistin Sheri Terry; die farblich gut abgestimmte Modestylistin Ava E. Naimi; meine unglaubliche Kochschule, das Natural Gourmet Institute; Immer-am-Start-Mann Aaron Lea; Fotograf Roberto Raphael; Grammatik-Guru Linda Wolvek; Carisa Hays, Anna Bolek, Josh Saviano, die Sohaili-Familie, Anna und Jesse Nabel, Esha und Nitasha Ranganath, Ritu Ghai, Tiffany Wong, Natasha Hwangpo, Monica Malaviya Bhuva, Deepti Chauhan, Dani Kaiserman, Samantha Johnston, Azadeh Sinai, Danielle Farzam, Naz Farahdel, Laura Alexander, Laura Frischer, Michelle Khedr, Victoria Yeliokumson, Niki Desai, Cindy Flores, Sandhya Jacob, Neera Khattar, Lisa Bloom, Brooke und Mike McMahan, Cesare Gagliardoni, April Connelly, Nancy und Jerry Feldman und Bountiful Home für die wunderhübschen Kuchenstände.

Und *Ihnen* danke ich dafür, dass Sie nicht nur die Rezepte in diesem Buch gelesen haben, sondern es sogar bis zu den Danksagungen geschafft haben! Sie sind etwas ganz Besonderes!

Und zu guter Letzt danke ich meinen guten Freunden Tagliatelle, Fettuccine, Cavatelli und Orecchiette dafür, dass sie mich immer dazu ermutigen, die Nudel zu nutzen, die Suppe zu salzen und nicht mit dem Käse zu krümeln.

Grazie!

INDEX

C

E

F

G

H

I

K

L

M

N

O

P

Q

R

S

T

U

V

W

X

Z

BEZUGSQUELLEN

Die meisten der im Buch erwähnten Produkte wie Kokosöl, Ahornsirup, Guarkernmehl oder verschiedene Gewürze sind in gängigen Naturkostläden erhältlich. Sie können sie auch direkt über unseren Online-Shop www.unimedica.de in der Kategorie „Gesunde Ernährung" erhalten. Dort finden Sie ein großes Sortiment an Naturkostprodukten, u. a. auch seltene Produkte wie Sacha inchi.

Auch die für die Rezepte notwendigen Küchengeräte sowie veganes Bio-Proteinpulver und viele Superfoods sind dort erhältlich.

ÜBER DIE AUTORIN

Chloe Coscarelli hat am Natural Gourmet Institute of Health and Culinary Arts und an der University of California, Berkeley, studiert und einen Kurs in Plantbased Nutrition an der Cornell University absolviert. Sie hat die Bücher *Chloe's Kitchen* und *Chloe's Vegan Desserts* verfasst und betreibt die Website ChefChloe.com. Sie pendelt zwischen New York City und Los Angeles.

Richa Hingle

Vegane Indische Küche

150 traditionelle und kreative Rezepte zum Nachkochen

336 Seiten, geb., € 29,–

Vielfältig, unverwechselbar, bunt und würzig – das ist die indische Küche. Scharfe Currys, cremige Spinatgerichte und dampfende Tandoori-Pfannen laden ein. Ein Bissen und man steht auf einem Markt in Mumbai.

Die erfolgreiche vegane US-Bloggerin Richa Hingle stammt selbst aus Indien und hat die traditionellen Rezepte ihrer Kindheit mit modernen Küchenpraktiken kombiniert. Sie zeigt, wie einfach es ist, Gerichte der indischen Küche vegan zuzubereiten – und das unglaublich lecker. Alle 150 Rezepte des Buches sind schnell umzusetzen, sie sind gesund und nahrhaft, allergikerfreundlich und bieten häufig soja- und glutenfreie Varianten.

Richa zeigt nicht nur, wie man bekannte Klassiker wie Dals, Naanbrote oder Chutneys zubereitet, sondern gibt mit weniger bekannten Rezepten für Frühstück, Desserts und Snacks Einblick in die gesamte Vielfalt der indischen Küche. Mit Richas Gewürzleitfaden werden auch Sie schnell Experte indischer Aromen – im Handumdrehen werden Sie Rezepte abwandeln und ganz neue Gaumenfreuden kreieren.

Miyoko Schinner

Veganer Käse

216 Seiten, geb., € 24,80

Gourmet-Köchin Miyoko Schinner ist weltweit eine der erfahrensten Expertinnen für veganen Käse. In ihrem ultimativen Leitfaden weiht sie uns in die Geheimnisse der veganen Käseherstellung ein.

Sie zeigt uns über 80 ihrer Lieblingsrezepte – vom schnell zubereiteten Ricotta oder Schnittkäse bis hin zu gereiften Käsesorten. Die Aromen der Kreationen stehen herkömmlichem Käse aus Kuhmilch in nichts nach, werden aber aus pflanzlichen Milchalternativen und Nüssen hergestellt.

Diese reichen von gereiften Käsespezialitäten wie Cashew-Chèvre, Brie, weichem Greyerzer, kräftigem Cheddar, frischem Mozzarella und Macadamia-Ricotta über luftgetrockneten Käse wie Gouda, Emmentaler, Parmesan und Camembert bis zu schmelzfähigem Käse wie Münster und Monterey Jack.

Als Krönung verrät uns Miyoko Schinner, wie ihr handgemachter veganer Gourmetkäse in unseren Lieblingsrezepten Anwendung finden kann – über einfache Käsesaucen und Fondue, Caprese-Salat und gefüllte Kürbisblüten, leckere Käse-Gnocchi oder Pizza Margherita bis zu Himbeermousse und ihrem einzigartigen San-Francisco-Käsekuchen. Ein Buch, das keine Wünsche offen lässt.

Angela Liddon

Oh She Glows für jeden Tag

Schnelle Gerichte, die einfach satt und glücklich machen

345 Seiten, geb., € 29,–

Angela Liddons unwiderstehliche und gelingsichere Rezepte sind zum Goldstandard der pflanzenbasierten Küche geworden. Ihr sensationell erfolgreicher Blog und ihr New-York-Times-Bestseller-Debüt Oh She Glows! Das Kochbuch haben ihr Millionen begeisterter Fans beschert. In dem mit Spannung erwarteten Nachfolger präsentiert die preisgekrönte kanadische Autorin erneut außerordentlich leckere Rezepte, die perfekt für einen anstrengenden und fordernden Alltag sind und pflanzenbasierten Genuss nicht nur tagtäglich, sondern auch zu festlichen Gelegenheiten zu einer leicht umsetzbaren und köstlichen Angelegenheit machen.

Ihre Sammlung von über 100 Rezepten enthält verführerische Ideen für Frühstück, Snacks, Salate, Suppen, Hauptgerichte, Beilagen und Desserts sowie Grundrezepte und hilfreiche Tipps für kinderfreundliche, allergiekompatible und einfrierbare Varianten.

Ob Strahlende Regenbogen-Smoothie-Bowl, Ultimative Grüne Tacowraps oder Kürbis-Cupcake-Türmchen und Meyer-Zitronen-Cheesecake – mit solchen Appetit machenden und gesunden Gerichten locken Sie auch die wählerischsten Esser an den Tisch, ohne dafür stundenlang in der Küche stehen zu müssen.

Dana Shultz

Vegan. Einfach. Lecker

101 pflanzliche, meist glutenfreie und köstliche Rezepte

320 Seiten, geb., € 29,80

Dana Shultz, Rezeptentwicklerin und erfahrene Food-Fotografin, und ihr Mann John sind die Genies hinter dem immens beliebten Food-Blog Minimalist Baker, der seit seiner Gründung im Jahr 2012 zahllose Fans begeistert.Ihr Erfolgskonzept? Einfache, aber unwiderstehliche Rezepte, die aus höchstens 10 Zutaten bestehen, in einer Schüssel oder einem Topf zubereitet werden können oder nur 30 Minuten, manchmal sogar weniger Zeit in Anspruch nehmen. Das mit Spannung erwartete Kochbuch enthält 101 neue, zu 100 Prozent pflanzenbasierte und größtenteils glutenfreie Rezepte, die einfallsreich, lebendig und voller umwerfendem Geschmack sind.

Leckeren Frühstücksoptionen wie selbst gemachtem Hippiemüsli oder Zucchini-Walnuss-Muffins, Beilagen wie griechischer Bruschetta, herzhaften Hauptspeisen wie Erdnussbutter-Pad Thai und verführerischen Desserts wie Erdbeer-Tornado-Eiscreme und Mandel-Kokos-Talern mit dunkler Schokolade wird garantiert niemand widerstehen können.

Das Kochbuch VEGAN.EINFACH.LECKER. zeigt eine wunderbar simple und praktische Herangehensweise ans Kochen, die zu unglaublich leckeren Ergebnissen führt, welche ganz nebenbei auch noch richtig gesund sind.